Comprendre et conseiller la prévoyance collective

Laurence Chrébor • Julie Jacotot

L'ARGUS ÉDITIONS
de l'assurance

Photo de couverture : Fotolia

ISBN : 978 2 35474 165 5
ISSN : 2264-3257

Introduction

Pourquoi instituer des garanties de prévoyance collective ?

La sécurité sociale, reposant sur la solidarité nationale, est fondée sur le principe d'un financement selon les moyens de chacun, pour une attribution de prestations selon ses besoins.

Son objectif n'est pas de compenser l'entière perte de revenus liée à des soins ou à une incapacité temporaire ou permanente de travailler, ou encore au décès d'un salarié.

Elle sert des prestations calculées sur la base d'un montant ou d'un revenu plafonné. Ainsi, toutes les dépenses de santé ou les rémunérations supérieures à ces plafonds ne sont pas prises en compte par le régime légal.

En outre, pour la compensation de la perte de revenus, seule la moitié de ce plafond est prise en compte.

La connaissance des prestations de la sécurité sociale permet de déterminer les besoins des salariés et par là, de déceler l'utilité des garanties de prévoyance collective.

▶ Description des garanties du régime général

Le régime de sécurité sociale se scinde en quatre « branches » :
- maladie, maternité, invalidité et décès,
- accident du travail et maladie professionnelle,
- vieillesse et veuvage,
- famille.

En matière de prévoyance, les opérations d'assurance complètent les prestations des deux premières branches qui se subdivisent en deux types : les prestations en espèces et celles en nature.

Les prestations en espèces ont vocation à se substituer, en tout ou partie, au revenu des assurés, en cas de maladie ou d'accident, qu'il soit, ou non, d'origine professionnelle, générant une incapacité temporaire (arrêt de travail) ou permanente de travail (invalidité, ou incapacité permanente lorsqu'elle a une origine professionnelle), ou un décès. Elles sont généralement servies sous condition d'exercice préalable d'une activité professionnelle minimale et calculées en pourcentage du SMIC ou du plafond de la sécurité sociale.

En cas d'arrêt de travail, le revenu de remplacement est versé sous forme d'indemnités journalières de sécurité sociale (IJSS). Elles sont destinées à compenser la perte de revenu professionnel du salarié faisant l'objet d'un arrêt de travail prescrit par un médecin.

Ces indemnités journalières ne sont servies qu'à compter du 4e jour d'arrêt de travail (ou du premier jour, en cas d'accident du travail ou de maladie professionnelle). Leur montant est calculé sur un « gain journalier de base » qui s'élève à 1/91,25 du montant de la rémunération des 3 derniers mois précédant l'interruption de travail prise en compte, dans la limite d'un plafond égal à 1,8 fois le SMIC mensuel. En toute hypothèse, l'indemnité journalière ne peut excéder 1/730e de 1,8 fois le SMIC annuel (1,8 fois le SMIC annuel* 50 %), soit une indemnité maximale en 2014 de 42,77 € par jour.

IJSS = 50 % du gain journalier de base, dans la limite de 1/730e de 1,8 fois le SMIC

Si le salarié a au moins trois enfants à charge, son indemnité journalière est majorée à partir du 31e jour d'arrêt de travail continu. Elle est égale à 66,66 % du gain journalier de base, sans pouvoir excéder 1/547,5 de 1,8 fois le SMIC annuel, soit une indemnité maximale de 57,02 € par jour.

En d'autres termes, ce n'est pas une journée moyenne de travail qui est prise en compte, mais un peu moins…

En cas d'invalidité, générant la perte par l'assuré n'ayant pas atteint l'âge légal de la retraite, d'au moins 2/3 de sa capacité de travail ou de gain, une pension lui est versée. Son montant varie en fonction du niveau d'invalidité reconnu par la sécurité sociale.

Pour les invalides de 1re catégorie (invalides capables d'exercer une activité rémunérée), la pension est égale à 30 % du salaire annuel moyen (soit un montant annuel maximal de 11 264,40 € en 2014).

Pour les invalides de 2e catégorie (invalides absolument incapables d'exercer une profession quelconque), la pension est égale à 50 % du salaire annuel moyen (soit un montant annuel maximal de 18 774 €).

Quant aux invalides de 3e catégorie (invalides qui, étant absolument incapables d'exercer une profession, sont, en outre, dans l'obligation d'avoir recours à l'assistance d'une tierce personne pour effectuer les actes ordinaires de la vie), le montant de leur pension est égal au montant de celle attribuée aux invalides de 2e catégorie, majorée de 40 % (soit au 1er avril 2013, un montant maximal annuel de 18 774 € + 13 158,04 €).

La majoration pour tierce personne des pensions d'invalidité pour accident du travail ou maladie professionnelle (AT/MP) est désormais complétée d'une prestation complémentaire pour recours à tierce personne, dont le montant varie en fonction du degré d'incapacité. Son montant mensuel a été fixé, au 1er avril 2013, à 548,25 €, 1 096,49 € ou 1 644,75 €.

Le « salaire annuel moyen » est constitué de la moyenne des « meilleures » rémunérations soumises à cotisations, perçues au cours des dix années civiles d'assurance, dans la limite du plafond annuel de la sécurité sociale (37 548 € en 2014).

En cas de décès d'un assuré, ses ayants droit perçoivent un « capital-décès » destiné à compenser partiellement la perte des ressources que l'assuré procurait à son foyer par l'exercice d'une activité professionnelle. Il s'élève à 91,25 fois le gain journalier de base retenu pour le calcul des indemnités journalières d'assurance maladie (cf. supra), avec un plancher fixé à 1 % du plafond annuel de la sécurité sociale (375,48 en 2014) et un plafond de 25 % du plafond annuel de la sécurité sociale (9 387 en 2014, soit 3 fois le plafond mensuel de la sécurité sociale).

Ainsi, la sécurité sociale offre une protection minimale qui peut s'avérer d'autant plus insuffisante que le montant du revenu de l'assuré dépasse celui du plafond de la sécurité sociale ou du SMIC. Plus il est élevé, moins les prestations prennent le caractère d'un revenu de remplacement.

Les prestations en nature sont constituées des remboursements des dépenses de santé.

Il faut noter que, sauf exception, le régime général de sécurité sociale ne rembourse qu'une partie des dépenses de soins engagées. Une part, dite « ticket modérateur », reste à la charge de l'assuré.

▶ Qu'est-ce que la prévoyance ?

Cette description sommaire permet de pressentir les contours de la notion de prévoyance complémentaire, qui ne fait l'objet d'aucune définition légale. Tout au plus, la loi n° 89-1009 du 31 décembre 1989, dite « loi Evin », qualifiée de « loi prévoyance », énumère-t-elle les différentes garanties qui en constituent le contenu. Elle vise la prévention et la couverture des risques décès, incapacité de travail, invalidité et des risques portant atteinte à l'intégrité physique de la personne ou liés à la maternité. Le dernier risque est généralement qualifié de « complémentaire santé » ou « garanties frais de santé ». Les trois premiers relèvent de la « prévoyance lourde ».

La loi vise aussi le risque chômage qui, à ce jour, ne fait pas l'objet de garanties complémentaires à l'assurance obligatoire gérée par Pôle Emploi.

Dans ce cadre, la prévoyance permet, par des garanties d'assurance, d'atténuer les conséquences financières de la réalisation d'un risque touchant à la santé et à l'intégrité de la personne humaine, lié à la survenance d'un accident ou d'une maladie. En cela, elle complète les prestations de la sécurité sociale. Par extension, on doit pouvoir y associer les actes de prévention.

L'évolution des recettes de la sécurité sociale ne permet plus de faire face aux dépenses de santé. Aussi, les lois de financement de la sécurité sociale successives réduisent le montant des prestations du régime de base.

En conséquence, la nécessité de mettre en place des régimes de prévoyance collective au profit des salariés s'accroît avec le désengagement progressif de la sécurité sociale.

Par ailleurs, l'intérêt majeur de la mise en place de garanties de prévoyance dans l'entreprise réside dans le fait que l'organisme assureur prend en compte la collectivité des salariés, et non chacun d'entre eux pris isolément. Aussi, l'âge, le sexe, l'état de santé et la profession, qui constituent les principaux paramètres de tarification des garanties, sont appréciés globalement.

La mutualisation plus ou moins grande qui en résulte et l'entremise de l'employeur, facilitent l'accès des salariés à l'assurance, avec des tarifs plus favorables.

L'objet de cet ouvrage est de présenter les principes qui gouvernent la prévoyance d'entreprise pour permettre aux employeurs et à leurs collaborateurs chargés de gérer ces garanties, d'en cerner les mécanismes afin de piloter leur système de protection sociale complémentaire.

Au-delà des besoins évidents des salariés de voir les prestations versées par la sécurité sociale complétées par des garanties collectives, les employeurs sont tenus par des obligations légales ou conventionnelles qu'il convient de décrire (Chapitre 1).

Les clés de la connaissance de la prévoyance d'entreprise ouvrent l'accès à l'identification des engagements de droit du travail opposables à l'employeur d'une part, et à l'analyse de la couverture d'assurance d'autre part (Chapitres 2 et 3).

Employeurs, salariés et organismes assureurs interfèrent dans un schéma réciproque de droits et obligations gouvernés par des principes de loyauté, information et conseil (Chapitre 4).

Enfin, et jusqu'à présent, le législateur a souhaité encourager la mise en place de garanties dans l'entreprise, par des mécanismes d'incitations fiscales et sociales (Chapitre 5).

Sommaire

Les obligations de l'employeur

La prévoyance collective des salariés fait intervenir deux corps de règles différents, entièrement autonomes mais interdépendants.

Les garanties collectives reposent, d'une part, sur un engagement préalable de droit du travail auquel l'employeur est tenu vis-à-vis de ses salariés.

Ces obligations sont, d'autre part, externalisées dans un contrat d'assurance régi par des dispositions spécifiques.

Schéma de mise en place du régime de prévoyance

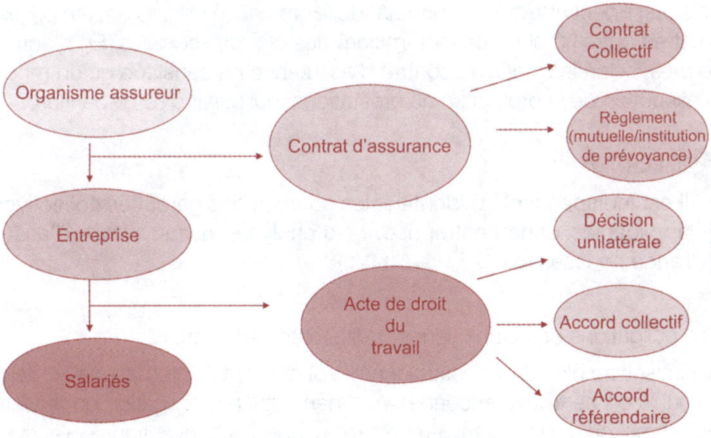

Le Code du travail renvoie, s'agissant de la mise en place de garanties collectives, au titre premier du livre IX du Code de la Sécurité sociale, d'ordre public, créé par la loi n° 94-678 du 8 août 1994. Pourtant, souvent, les employeurs ignorent ces dispositions spécifiques et, pour assurer à leurs salariés des prestations complémentaires à celles de la sécurité sociale, souscrivent simplement un contrat d'assurance à leur profit, sans aucun formalisme particulier pour matérialiser cette pratique. Or, il a été jugé que la simple souscription d'un contrat d'assurance constitue un usage d'entreprise, qui engage l'employeur.

À l'inverse, il arrive que des règles de source juridique supérieure à l'entreprise la contraignent à organiser au profit de ses salariés, des garanties collectives qu'elles décrivent. Ces normes créent des droits pour les salariés, que l'employeur doit exécuter. Mais s'il ne couvre pas l'intégralité de ses engagements patronaux, l'entreprise supporte un « passif social », probablement non provisionné, à défaut d'être identifié.

De même, très souvent, les employeurs considèrent à tort que la résiliation du contrat d'assurance emporte corrélativement disparition de leur propre engagement à l'égard de leurs salariés. Un tel raisonnement est faux, et les expose à devoir indemniser les salariés qui, toujours bénéficiaires d'une couverture du fait de la survie de la norme de droit du travail (usage ou accord collectif), demandent le versement des prestations promises. En l'absence de contrat d'assurance, l'employeur peut être condamné au paiement de dommages et intérêts, en raison de l'inexécution de ses engagements. Leur montant dépend du préjudice subi par les salariés. Il peut atteindre le montant de la prestation dont ils ont été privés. Il est en outre, le plus souvent, majoré des charges sociales. En d'autres termes, selon les juges, le contrat d'assurance ne constitue qu'un mode d'exécution de la promesse de prestations, qui survit à sa disparition.

IMPORTANT

Il est indispensable d'identifier les sources des garanties collectives applicables dans l'entreprise, et d'analyser la couverture d'assurance nécessaire.

Les obligations de l'employeur ont différentes sources.

Soumises au bloc de Constitutionnalité et aux traités internationaux, dans lesquels on ne trouve aucune norme génératrice d'obligation en matière de protection sociale complémentaire, la loi et les conventions collectives mettent à la charge des employeurs des obligations de maintien de salaire ou de mise en place de garanties complémentaires au régime de la sécurité sociale.

L'audit des engagements de couverture de l'employeur : la hiérarchie des normes en droit du travail

\+ CSS, art. L. 911-1 -

> Traités / Constitution
> Loi (maintien de salaire en cas d'arrêt de travail, C. trav., art. L. 1226-1 et s.)
> ANI (garantie "*1,50 TA*", "portabilité prévoyance", généralisation de la complémentaire santé)
> CC(N) (problématique extension, régimes de prévoyance, clause de désignation d'organisme assureur)

> Convention ou accord collectif (UES, groupe, entreprise, établissement)
> Accord référendaire,
> Décision unilatérale constatée par un écrit remis à chaque salarié (aussi : usages et accords atypiques),

---

> Contrat de travail.

1. La mensualisation légale

L'accord national interprofessionnel (ANI) du 10 décembre 1977, légalisé par la loi n° 78-49 du 19 janvier 1978 relative à la mensualisation a institué, pour tout salarié qui se voit prescrire un arrêt de travail et qui en justifie dans les 48 heures, un droit à un maintien de salaire par son employeur, déduction faite des indemnités journalières de la sécurité sociale, à condition qu'il ait une ancienneté d'au moins un an dans l'entreprise.

Le versement intervient à compter du 8e jour d'absence, en cas de maladie ou d'accident « ordinaire » et du 1er jour en cas d'accident du travail ou de maladie professionnelle.

La durée de ce droit varie en fonction de l'ancienneté du salarié :

	Ancienneté en année							
	< 1	**1 à 6**	**6 à 11**	**11 à 16**	**16 à 21**	**21 à 26**	**26 à 31**	**31 à 36**
Durée de versement : 90 % du brut	0 j.	30 j.	40 j.	50 j.	60 j.	70 j.	80 j.	90 j.
Durée du versement : 66.6 % du brut	0 j.	30 j.	40 j.	50 j.	60 j.	70 j.	80 j.	90 j.

Tous les salariés en bénéficient à l'exclusion des salariés travaillant à domicile, des salariés saisonniers, intermittents et temporaires.

La mensualisation légale constitue un minimum, le plus souvent amélioré par les conventions collectives.

Cette obligation de l'employeur ne relève pas de la prévoyance complémentaire, mais celui-ci peut décider de couvrir cette obligation par un contrat d'assurance. Lorsque ce contrat englobe l'obligation de maintien de salaire et des garanties complémentaires, la première perd sa nature juridique et l'ensemble constitue un engagement de prévoyance.

2. La généralisation d'une complémentaire santé

L'accord national interprofessionnel du 11 janvier 2013, généralisé par la loi n° 2013-504 du 14 juin 2013 de sécurisation de l'emploi, a institué un droit pour tous les salariés relevant de son champ d'application, à bénéficier d'une complémentaire santé, au plus tard à compter du 1er janvier 2016.

IMPORTANT

S'il n'est pas élargi, un accord national interprofessionnel étendu s'applique uniquement dans les branches dans lesquelles les signataires de l'ANI (CGPME, MEDEF ou UPA) sont représentatifs, soit parce qu'ils sont signataires des accords de branche, soit parce qu'ils ont parmi leurs adhérents, les signataires de ces accords.
S'il n'a pas été étendu (ce qui est le cas de l'ANI du 11 janvier 2013), son application dans une entreprise suppose, en outre, que l'em-

ployeur soit adhérent, directement ou indirectement, à une organisation patronale signataire.

Le calendrier des négociations a été fixé par l'ANI et repris par la loi.

Tout d'abord, mise en place dans les branches professionnelles par accord collectif conclu au plus tard le 1er juillet 2014, et devant prendre effet au 1er janvier 2016. Les branches professionnelles entrant dans le champ d'application de l'ANI ne pourront imposer aux employeurs le choix de l'organisme assureur des garanties frais de santé, mais pourront recommander un ou plusieurs d'entre eux, après une mise en concurrence transparente.
En l'absence d'accord professionnel à cette date, la négociation doit être engagée dans l'entreprise.

À défaut d'accord d'entreprise au plus tard le 1er janvier 2016, l'employeur devra mettre en place ces garanties minimales par décision unilatérale.

Un décret précisera les prestations minimales qui devront être souscrites par l'employeur, dans le cadre d'un contrat « responsable ».

Leur financement doit être partagé par moitié entre l'employeur et le salarié.

IMPORTANT

Tous les salariés devront bénéficier, à partir du 1er janvier 2016, de garanties minimales dont le financement devra être pris en charge au moins pour moitié par l'employeur.

3. La portabilité prévoyance

Par accord national interprofessionnel conclu le 11 janvier 2008, les partenaires sociaux ont institué un droit au maintien, au profit des salariés dont le contrat de travail est rompu et qui bénéficient, du fait de cette rupture, d'une prise en charge par l'assurance chômage, de la couverture prévoyance et frais de santé dont ils bénéficiaient durant leur activité dans l'entreprise. Ce dispositif a dû faire l'objet de diverses adaptations et est finalement entré en vigueur le 1er juillet 2009. Il ne s'applique alors que dans les secteurs professionnels dans lesquels ses signataires (CGPME, MEDEF et UPA) sont directement ou indirectement représentatifs (industrie, commerce, artisanat, à l'exclusion notamment de l'agriculture, des professions libérales, de l'économie sociale, des secteurs associatifs, audiovisuel, presse…).

Le mécanisme de « portabilité » a été adapté par l'ANI du 11 janvier 2013 et généralisé à tous les salariés par la loi du 14 juin 2013. Ces deux textes ont une date d'entrée en vigueur différente, et on retiendra par simplicité, celle de la loi, fixée au 1er juin 2014 pour les garanties frais de santé, et au 1er juin 2015 pour la prévoyance.

On doit donc distinguer suivant que la rupture du contrat de travail intervient avant ou après l'entrée en vigueur de ces deux textes.

IMPORTANT

Le droit applicable est toujours celui en vigueur lors de la date de la rupture. Selon la jurisprudence, c'est la date de notification de la rupture et non de départ de l'entreprise qui doit être prise en compte : lettre de licenciement ou démission, par exemple.

3.1. Rupture notifiée avant le 1er juin 2014 (frais de santé) ou le 1er juin 2015 (prévoyance)

▶ Condition et durée

S'il est indemnisé par l'assurance chômage du fait de la rupture de son contrat de travail (sauf pour faute lourde) le salarié peut, depuis cette date, conserver sa couverture, dans les mêmes conditions que les salariés, pendant une durée égale à celle de son dernier contrat de travail, prise en compte en mois entiers, dans la limite de 9 mois :

	Durée du dernier contrat de travail				
	< un mois	≥ un mois	1,5 mois	≥ 9 mois	> 9 mois
Durée du droit au maintien de la couverture (en mois)	0	1	1	9	9

L'ancien salarié doit justifier de son inscription à l'assurance chômage et de la perception d'allocations chômage. À défaut, il perd son droit aux garanties. Il en est de même s'il en perd le bénéfice en raison de la reprise d'un emploi ou de sa radiation.

Cette exigence pose difficultés lorsque le salarié est en arrêt de travail ou en invalidité à la date de la cessation de son contrat de travail. En effet, l'inscription à l'assurance chômage n'est recevable que si l'ancien salarié est en capacité de rechercher un emploi. Tel n'est pas le cas s'il est malade ou invalide. Le ministre du Travail a néanmoins précisé que dans l'hypothèse où un salarié serait en arrêt de travail, l'organisme assureur devrait différer l'exigence de la preuve de son inscription au régime d'assurance chômage et accepter de le couvrir dès la date d'effet de la rupture de son contrat de travail.

▶ Nature de la couverture

Le salarié conserve les mêmes garanties que celles appliquées dans l'entreprise, à condition que ses droits aient été ouverts à la date de sa rupture.

Si l'employeur modifie les garanties ou change d'organisme assureur, les modifications s'appliquent aussi aux anciens salariés bénéficiaires de la portabilité.

Si le salarié n'avait pas adhéré aux garanties avant la rupture de son contrat de travail (en raison d'une condition d'ancienneté non remplie ou de son refus d'y adhérer, par exemple), il ne peut en conserver le bénéfice.

Toutefois, en cas d'arrêt de travail, la somme des indemnités journalières de la sécurité sociale et des indemnités journalières complémentaires ne peuvent excéder ce que l'ancien salarié percevrait de l'assurance chômage, s'il était en recherche d'emploi.

▶ Financement

Le coût du maintien de la garantie peut être intégré dans les cotisations applicables aux salariés, dans le cadre d'un financement mutualisé, qui doit être organisé par un accord collectif ou référendaire ou une décision unilatérale de l'employeur.

L'employeur peut décider qu'une cotisation distincte sera payée, dans les mêmes conditions et proportions que pour les salariés. L'ancien salarié peut alors être conduit à participer au financement de sa « portabilité ». On parle de cofinancement. Il faut organiser les modalités de paiement de la quote-part de cotisations qui lui incombe, soit en une seule fois, lors de son départ de l'entreprise, soit selon la même périodicité que lorsqu'il était salarié (mensuellement en principe). En outre, le salarié est redevable de la CSG et de la CRDS assises sur la part acquittée par son ancien employeur. S'il ne paie pas la part « ex-salariale » de la cotisation, l'employeur n'est plus tenu d'organiser sa couverture : il perd son droit aux garanties. Bien que le texte ne prévoit pas de procédure de mise en demeure, il est préférable d'informer l'ancien salarié défaillant des conséquences du non-paiement des cotisations. En outre, il est probable que l'organisme assureur devra engager, à son égard, la procédure légale prévue en cas de défaut de paiement.

▶ Faculté de renonciation

Le salarié a la faculté de renoncer au bénéfice de la portabilité, dans les dix jours suivant la cessation de son contrat de travail. Il est recommandé de recueillir cette renonciation par écrit. À défaut de refus, le salarié conserve sa couverture et sera redevable de la part « ex-salariale » de la cotisation. Bien évidemment, s'il ne l'acquitte pas, l'employeur sera dégagé de son obligation de couverture, ce qui aura le même effet que sa renonciation expresse.

▶ Information des salariés

L'ANI de 2008 prévoit que l'information des salariés sur leurs droits à portabilité est faite par la délivrance par l'employeur, de la notice d'information établie par l'organisme assureur. Ce support n'apparaît pas suffisant et s'avère à contretemps ; le délai séparant la remise de cette notice et le départ du salarié pouvant être très long. On a constaté de nombreuses condamnations d'employeurs pour défaut d'information des salariés lors de leur départ de l'entreprise.

3.2. Rupture notifiée à compter du 1er juin 2014 (frais de santé) ou du 1er juin 2015 (prévoyance)

Le dispositif est sensiblement le même, mais l'ANI du 11 janvier 2013 et la loi de sécurisation de l'emploi y ont apporté quelques adaptations. Inséré dans un nouvel article L. 911-8 du Code de la Sécurité sociale, le droit à portabilité s'étendra à tous les salariés, quel que soit le secteur professionnel dans lequel ils exercent leur activité professionnelle.

Il est également amélioré sur les points suivants :

- la durée maximale du maintien de la couverture est portée à 12 mois. La loi précise que la durée du dernier contrat de travail s'apprécie en fonction de tous les contrats de travail exécutés consécutivement auprès de l'employeur. Elle est arrondie au nombre supérieur en cas de mois incomplet. On peut en déduire que si le ou les contrats de travail ont duré moins d'un mois, le salarié aura droit également à conserver les couvertures instituées dans l'entreprise et auxquelles il aura adhéré ;
- l'employeur doit mentionner le droit à portabilité dans le certificat de travail. Nous préconisons toutefois une information plus détaillée.

4. La prévoyance des cadres

La convention collective nationale de retraite et de prévoyance des cadres du 14 mars 1947 (dite « convention AGIRC ») impose aux employeurs de salariés cadres et assimilés (relevant des articles 4 et 4 bis de la convention) de verser à un organisme assureur une cotisation égale à 1,50 % de la tranche de leur rémunération inférieure au plafond de la sécurité sociale en vue de l'instauration de garanties de prévoyance. La garantie souscrite doit couvrir prioritairement le risque décès. Selon l'AGIRC, plus de la moitié de cette cotisation (0,76 %) doit être affectée à la couverture du décès.

En cas de décès d'un salarié-cadre, l'employeur qui ne justifie pas avoir versé cette cotisation minimale est redevable vis-à-vis de ses ayants droit (son conjoint survivant non séparé de droit ou de fait, à défaut ses descendants et à défaut sa succession) d'une somme égale à trois plafonds annuels de sécurité sociale (112644 € en cas de décès en 2014). En outre, la somme versée est assujettie à cotisations et charges sociales.

5. Les régimes de protection sociale complémentaire conventionnels

Certaines conventions collectives mettent à la charge des employeurs une obligation de mettre en place des garanties de protection sociale complémentaire (prévoyance, frais de santé ou retraite supplémentaire) au profit de leurs salariés, avec des degrés divers de contrainte. Les garanties les plus fréquemment mises en place concernent les risques incapacité, invalidité et décès.

5.1. La détermination de la convention collective

La détermination de la convention collective applicable de droit à l'entreprise constitue un préalable indispensable à l'identification des engagements s'imposant à l'employeur.

La convention collective de branche applicable de droit dans l'entreprise, est celle dont le champ d'application professionnel correspond à l'activité principale réellement exercée par celle-ci. En présence de plusieurs activités, une seule convention collective doit être applicable. Le Code du travail exige, en effet, que les textes conventionnels résolvent par avance les chevauchements pouvant exister entre plusieurs branches professionnelles.

Toutefois, lorsqu'il existe au sein de l'entreprise, un centre d'activité autonome justifiant l'application d'une convention collective distincte de celle du reste de l'entreprise, une convention collective différente peut s'appliquer. L'établissement doit être le lieu d'exercice d'une activité économique distincte et disposer d'une gestion du personnel indépendante du reste de la société.

Est considérée comme son activité principale :
- pour une entreprise à caractère commercial, celle qui représente le plus grand chiffre d'affaires ;
- pour une entreprise à caractère industriel, celle à laquelle est occupé le plus grand nombre de salariés ;
- pour une entreprise ayant des activités à la fois industrielle et commerciale, le critère lié à l'effectif sera retenu lorsque le chiffre d'affaires afférent à l'activité industrielle est égal ou supérieur à 25 % du chiffre d'affaires total.

5.2 Obligations générées par les conventions collectives

Les conventions collectives peuvent imposer à l'employeur :
- soit de mettre en place des garanties minimales, avec ou sans taux de cotisations imposé(s) ;
- soit de souscrire un contrat de garanties collectives auprès de l'organisme assureur de son choix, les partenaires sociaux ayant sélectionné des « organismes assureurs recommandés » auxquels l'employeur peut avoir recours. Il s'agit d'une « clause de recommandation ».

Mais jusqu'au 13 juin 2013, certaines conventions collectives introduisaient des contraintes plus importantes.

En effet, certaines conventions désignaient un ou plusieurs organismes assureurs sélectionnés par les partenaires sociaux : l'employeur ne pouvait avoir recours à l'opérateur de son choix, mais il pouvait conserver le contrat mis en place antérieurement auprès d'un autre opérateur, lorsque celui-ci proposait des garanties supérieures. On parlait alors de « clauses de désignation avec maintien ».

D'autres conventions désignaient un ou plusieurs organismes assureurs de manière impérative, sans possibilité pour l'employeur de souscrire les garanties auprès de l'organisme assureur de son choix ou de conserver un contrat préexistant. Il s'agissait de « clauses de migration ».

Ces clauses ont donné lieu à des controverses juridiques, eu égard au monopole qu'elles conféraient à l'organisme assureur désigné.

Elles ont pourtant été considérées, par les juges français et européens, comme compatibles avec la libre concurrence dès lors que, mettant en œuvre un degré élevé de solidarité, elles poursuivaient une mission particulière d'intérêt général. Cependant, en mars 2013, l'Autorité de la concurrence a subordonné leur validité à la mise en concurrence des organismes assureurs dans le cadre d'une procédure de sélection transparente. En outre, elle a considéré que les partenaires sociaux devraient proposer aux employeurs le choix entre plusieurs opérateurs et plusieurs niveaux de garanties.

Saisi suite à l'adoption de la loi de sécurisation de l'emploi, le Conseil constitutionnel, dans une décision du 13 juin 2013, a considéré que la contrainte imposée aux employeurs constitue une entorse aux principes constitutionnels des libertés d'entreprendre et de contracter. Ces « clauses de désignation » ne sont plus licites depuis la publication de cette décision, le 14 juin 2013.

En conséquence, les « clauses de désignation » ne peuvent plus avoir de force contraignante.

Les contrats d'assurance collectifs souscrits avant cette date par les entreprises auprès d'un organisme assureur désigné peuvent continuer de produire effets entre les parties jusqu'à leur échéance contractuelle. Les entreprises devraient pouvoir résilier leur adhésion dans le cadre de leur faculté de résiliation annuelle, selon les termes contractuels (en principe moyennant respect d'un préavis de deux mois), au terme de l'année 2014.

La contrainte de la désignation conventionnelle n'est pas opposable aux entreprises qui, à cette date n'ont pas appliqué la convention ou l'accord collectif en adhérant à l'organisme assureur désigné : elles n'ont plus d'obligation de rejoindre ces organismes sur la base de la clause de désignation prévue par la convention collective et jouissent d'une liberté de choix.

Le projet de loi de financement de la sécurité sociale pour 2014, a introduit un nouvel article L. 912-1 dans le Code de la Sécurité sociale, permettant aux partenaires sociaux dans les branches professionnelles de recourir à des clauses dites de « recommandation », assorties d'une procédure de mise en concurrence préalable qui sera décrite par un décret à paraître. Les employeurs pourront conserver le choix de l'organisme assureur chargé d'assurer les garanties conventionnelles.

Le législateur avait assorti ce mécanisme d'une majoration du forfait social applicable aux employeurs qui, malgré la recommandation, décideraient de rejoindre un autre organisme assureur que celui ou ceux recommandés. Les employeurs souhaitant conserver le libre choix de l'organisme

assureur de leurs salariés, en présence d'une clause de recommandation, auraient été redevables d'un forfait social au taux de :
- 20 % au lieu de 8 %, pour les entreprises de dix salariés et plus ;
- 8 % au lieu de 0 % pour les entreprises de moins de dix salariés.

Saisi sur les deux aspects de ce texte, le Conseil constitutionnel a considéré, dans une décision du 19 décembre 2013, que les clauses de recommandation sont compatibles avec les principes constitutionnels des libertés d'entreprendre et de contracter. En revanche, il a jugé que « l'incitation des entreprises à adhérer à un dispositif mutualisé par des mesures fiscales ne saurait, au regard de l'égalité devant les charges publiques, justifier une différence de traitement que dans une mesure réduite compte tenu de la limitation du champ de la solidarité ainsi défini ». Dès lors, s'il admet la validité du principe de l'application d'un taux de forfait social différent en fonction du comportement des employeurs, il considère que l'écart des taux définis dans la loi constitue une rupture caractérisée de l'égalité devant les charges publiques.

5.3. Caractère contraignant des dispositifs conventionnels

En conséquence, le texte ne pourra être promulgué que pour la partie donnant un cadre légal aux clauses de recommandation. En revanche, le mécanisme d'incitation fiscale devra être revu.

En toute hypothèse, l'employeur doit souscrire un contrat d'assurance répondant aux exigences conventionnelles, en adoptant des garanties au moins aussi favorables risque par risque. La jurisprudence a sanctionné des employeurs qui ont institué des garanties globalement plus favorables que celles prévues par une convention collective, dès lors que certains risques étaient moins bien, voire pas couverts.

A défaut, la responsabilité de l'employeur peut-être engagée. Il doit donc veiller à ce que les prestations soient au moins équivalentes, mais également que leurs conditions de mise en œuvre ne soient pas plus exigeantes. À cet égard, les délais de carence, de franchise, ou les exclusions de garanties, notamment, doivent être analysées avec la plus grande attention. En cas de distorsion en défaveur des salariés, l'employeur peut être condamné à des dommages et intérêts pour compenser le préjudice correspondant aux prestations dont ils ont été privés, du fait de son manquement à ses obligations conventionnelles.

IMPORTANT

La loi ou la convention collective met à la charge des employeurs des obligations d'organiser et de financer des garanties de prévoyance collective, afin d'assurer à leurs salariés des prestations complémentaires à celles de la sécurité sociale. Ces prestations complètent également les obligations de maintien de salaire incombant à l'employeur en cas d'arrêt de travail. Il est important de déterminer le cadre légal et conventionnel applicable à chaque entreprise afin de s'y conformer. À défaut, il existe un risque pour l'employeur de se voir condamner à réparer le préjudice subi par les salariés privés d'un droit légal ou conventionnel, en cas d'inadéquation des garanties générant un préjudice.

IDÉES CLÉS

- Tout employeur doit consacrer, pour ses salariés-cadres et assimilés, une cotisation de 1,50 % de leur revenu plafonné à la tranche A, utilisée à des garanties de prévoyance, prioritairement affectée à la couverture du risque décès.
- Tout employeur doit maintenir à ses salariés ayant un an d'ancienneté, leur salaire en cas d'arrêt de travail dûment justifié. Il doit vérifier que cette obligation n'est pas augmentée par la convention collective applicable dans l'entreprise.
- À compter du 1er janvier 2016, tout salarié devra bénéficier de garanties complémentaires santé, avec un minimum qui sera fixé par décret.
- La convention collective applicable dans l'entreprise peut instituer des garanties collectives minimales en matière de prévoyance, frais de santé ou retraite supplémentaire.
- Les conventions collectives professionnelles ou interprofessionnelles ne peuvent plus imposer à l'employeur le choix de l'organisme assureur des garanties de protection sociale complémentaire applicables à ses salariés. ■

Les relations employeur/salariés : cadre juridique des régimes de prévoyance

1. Modes de mise en place d'un régime de prévoyance

L'employeur peut décider de mettre en place des garanties collectives de prévoyance complémentaire au bénéfice de ses salariés, anciens salariés et ayants droit du salarié. Dans ce cas, l'employeur dispose des outils de droit du travail suivants : convention ou accord collectif, ratification à la majorité des intéressés d'un projet d'accord ou décision unilatérale constatée par écrit et remise à chaque intéressé (CSS, art. L. 911-1).

Ces garanties peuvent également être instituées dans un cadre individuel, à travers le contrat de travail.

1.1. Convention collective et accord collectif

L'article L. 911-1 du Code de la Sécurité sociale prévoit que les garanties collectives de prévoyance peuvent être mises en place dans le cadre de conventions ou d'accords collectifs. L'article L. 911-3 du même code rend applicable aux conventions et accords collectifs mettant en place des garanties collectives de prévoyance, les dispositions du Code du travail relatives aux relations collectives.

La création de ces garanties peut ainsi intervenir dans le cadre de la négociation collective de branche, d'entreprise, de groupe ou d'établissement.

La particularité de ces accords tient toutefois à leur objet spécifique ainsi qu'à leur contenu obligatoire ou prohibé. En outre, s'agissant des accords de branche, des règles particulières sont prévues en cas d'extension.

▶ Négociation des conventions et accords collectifs

La convention ou l'accord collectif de travail est un acte écrit, à peine de nullité.

Il est conclu entre une ou plusieurs organisations syndicales de salariés reconnues représentatives dans le champ d'application de la convention ou de l'accord d'une part, et une ou plusieurs organisations syndicales d'employeurs ou tout autre groupement d'employeurs, ou un ou plusieurs employeurs pris individuellement d'autre part.

La validité des conventions et accords collectifs est soumise à des conditions liées à leur notification et à leur dépôt, à leur caractère majoritaire et à l'absence d'opposition majoritaire.

IMPORTANT

La loi du 20 août 2008 portant rénovation de la démocratie sociale et réforme du temps de travail a modifié en profondeur les règles applicables à la représentativité syndicale et les conditions de validité des accords collectifs.

Négociation des conventions et accords collectifs

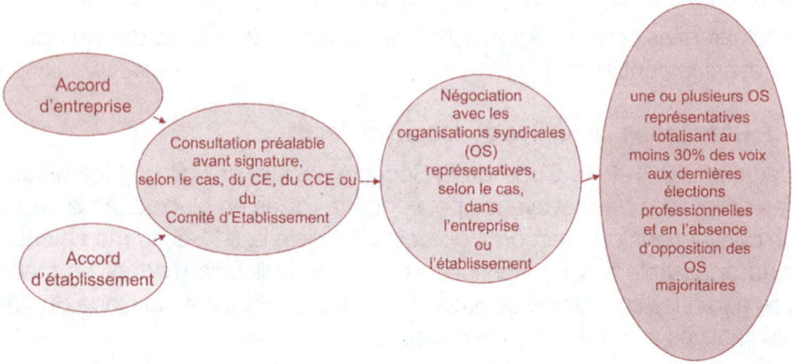

▶ Durée des conventions et accords collectifs de branche

La convention ou l'accord collectif peut être conclu pour une durée déterminée ou une durée indéterminée. À défaut de stipulations contraires, l'accord à durée déterminée qui arrive à expiration, continue à produire ses effets comme une convention ou un accord à durée indéterminée.

Quand la convention ou l'accord est conclu pour une durée déterminée, celle-ci ne peut être supérieure à cinq ans.

CONSEIL

La conclusion d'une convention ou d'un accord à durée déterminée relève d'un choix des parties qui ne souhaitent pas, pour diverses raisons, prendre un engagement dont la durée serait indéterminée. Il est, à ce titre, conseillé d'insérer dans la clause « durée » de la convention ou de l'accord collectif, une disposition faisant expressément échec à la poursuite de l'acte en convention ou accord à durée indéterminée. Il peut toutefois arriver que le régime de prévoyance, formalisé par un accord à durée déterminée, et arrivé à échéance en application de cette clause, continue néanmoins, en pratique, à être appliqué. Dans ce cas, il faut considérer que le bénéfice du régime de prévoyance résulte d'un usage non formalisé.

▶ Extension des conventions et accords collectifs de branche

Par principe, la convention ou l'accord collectif n'a d'effet qu'entre les parties et ne s'impose donc qu'aux employeurs signataires ou adhérant à une organisation patronale qui a ratifié la convention ou qui y a adhéré ultérieurement.

Par exception, une convention ou un accord étendu est rendu obligatoire pour tous les employeurs entrant dans son champ d'application professionnel et territorial, même s'ils n'adhèrent pas aux organisations patronales signataires ou adhérentes.

Les conventions et accords collectifs sont, par principe, étendus par arrêté signé par le seul ministre du Travail. Toutefois les conventions et accords ayant pour objet exclusif les garanties de protection sociale complémentaire présentent la particularité d'être étendus par arrêté du ministre chargé de la Sécurité sociale et du ministre chargé du Budget (CSS, art. L. 911-3).

IMPORTANT

De nombreux contentieux ont été engagés par des entreprises relevant de branches ayant mis en place un régime de prévoyance par accord collectif, au motif que l'accord n'avait pas été étendu par les ministres chargés de la Sécurité sociale et du Budget, mais par le seul ministre du Travail. Le non-respect des dispositions de l'article L. 911-3 du Code de la Sécurité sociale rend inopposable l'extension aux entreprises concernées. Cette situation peut toutefois en pratique être réglée par la publication d'un nouvel avis conforme d'extension.

L'extension d'une convention ou d'un accord de branche est déterminante en pratique au regard :
- de l'analyse du statut collectif applicable aux salariés de l'entreprise, précisément en matière de prévoyance complémentaire ;
- de la possibilité pour les partenaires sociaux au niveau de la branche de choisir un organisme assureur pour couvrir les salariés.

IMPORTANT

L'une des modalités de choix de l'organisme assureur au niveau des branches s'est traduite par le mécanisme de la désignation, imposant aux entreprises, sauf éventuelles exceptions, de rejoindre l'organise désigné pour couvrir leurs salariés en matière de prévoyance complémentaire. Le mécanisme des clauses de désignation a toutefois été censuré par le Conseil constitutionnel dans une décision du 13 juin 2013, au motif que cela portait une atteinte disproportionnée à la liberté des entreprises. L'adoption de loi de financement de la sécurité sociale pour 2014 a confirmé que la désignation n'était plus envisageable. Les partenaires sociaux au niveau de la branche pourront uniquement, sous certaines conditions, recommander aux entreprises de la branche de rejoindre un ou plusieurs organismes assureurs.

▶ Concours de normes conventionnelles

La loi établit une hiérarchie entre les conventions et les accords, en fonction de leur champ d'application plus ou moins grand sur le plan professionnel ou territorial. Les éléments du dispositif conventionnel « s'emboîtent » les uns dans les autres en fonction de leur niveau.

Les normes conventionnelles peuvent entrer en concurrence lorsqu'elles portent sur le même objet. Dans ce cas, la jurisprudence considère de façon constante que les salaries ne peuvent cumuler deux avantages ayant le même objet, le plus favorable d'entre eux pouvant seul être accordé. La comparaison doit alors être effectuée globalement et type d'avantages par type d'avantages.

IMPORTANT

En matière de prévoyance complémentaire, la comparaison par groupes d'avantages prête à discussion et la jurisprudence est particulièrement pauvre sur ce point particulier. La question est en effet de savoir si on doit comparer garantie par garantie (par exemple garantie décès avec garantie décès) ou par « famille » de garanties, c'est-à-dire prenant en compte globalement les garanties incapacité, invalidité, décès d'une part et les garanties frais de santé d'autre part. Bien souvent, il faudra prêter attention à la rédaction même des normes conventionnelles pour apprécier cette comparaison.

Dans les rapports branche/entreprise, le Code du travail prévoit que la convention ou l'accord d'entreprise peut comporter des dispositions dérogeant en tout ou partie à celles qui lui sont applicables en vertu d'une convention ou d'un accord couvrant un champ territorial ou professionnel plus large, sauf si cette convention ou cet accord en dispose autrement. La convention ou l'accord d'entreprise ne peut toutefois comporter des clauses dérogeant à celles des conventions de branche ou accords professionnels ou interprofessionnels, notamment en matière de garanties collectives de prévoyance organisées dans le cadre d'une mutualisation.

Cette interdiction, ayant pour but d'empêcher les entreprises de s'écarter, par voie d'accord, des dispositions des accords de branche destinées à rendre obligatoire l'adhésion de toutes les entreprises de la branche à un organisme assureur, est toutefois en partie remise en question par la censure des clauses de désignation.

1.2. Accord référendaire

Les garanties collectives peuvent être mises en place par la ratification à la majorité des intéressés, d'un projet d'accord proposé par le chef d'entreprise.

L'accord obtenu par le vote du personnel est un véritable accord d'entreprise qui permet d'imposer l'adhésion du salarié et la cotisation à sa charge, prélevée sur son salaire, en exécution de cet accord. Contrairement à la solution retenue par la loi concernant l'intéressement et la participation, le vote du personnel peut être mis en œuvre sans demande conjointe du comité d'entreprise ou des organisations syndicales représentatives de salariés.

Mise en place des garanties collectives par accord référendaire

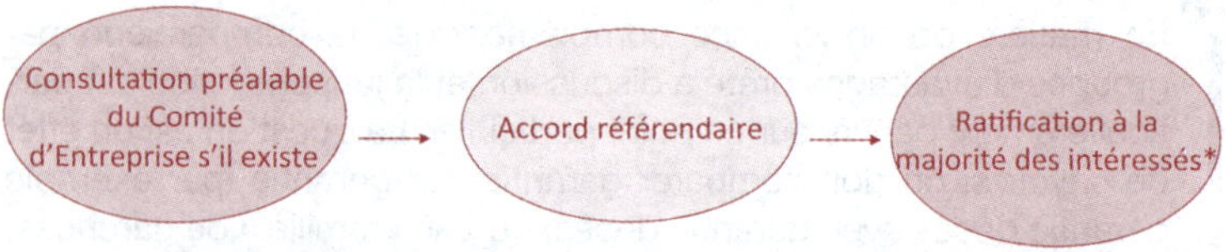

** À la majorité des électeurs inscrits et non simplement à la majorité des suffrages valablement exprimés (Soc., 15 novembre 2011, n° 10-20.891).*

L'article L. 911-5 du Code de la Sécurité sociale annonce depuis 1994 un décret devant préciser les conditions dans lesquelles le projet d'accord proposé par le chef d'entreprise est ratifié et adopté par les salariés. Mais ce décret n'a toujours pas été publié. La jurisprudence a toutefois considéré que l'accord doit être ratifié à la majorité des intéressés, laquelle s'entend des électeurs inscrits. L'absence de ratification à la majorité des électeurs inscrits ne permet donc pas de rendre obligatoire le précompte salarial de la cotisation.

Pour les autres modalités du vote, il est possible de faire référence au droit commun électoral (mise à disposition d'un isoloir, vote à bulletin secret, liste d'émargement et procès-verbal de vote).

CONSEIL

Il est conseillé de conserver les bulletins signés des membres du bureau de vote, sous enveloppe cachetée, dans l'hypothèse d'un contentieux éventuel. Le procès-verbal du vote doit en outre être annexé à l'accord ratifié.

Sur le fond, l'accord conclu par référendum aura le même contenu qu'un accord collectif ratifié par les organisations syndicales représentatives de salariés. La seule différence tiendra à la qualité des signataires et à l'organisation matérielle de la ratification. Les règles relatives à la durée des conventions et accords collectifs s'appliquent à l'accord référendaire.

Contrairement à la règle applicable aux accords collectifs de droit commun, les accords conclus par référendum, faute de textes, n'ont pas à être déposés à la Direccte et au secrétariat-greffe du conseil de prud'hommes. De la même façon, la loi ne prévoit aucune formalité spécifique de publicité concernant les accords ratifiés par référendum.

1.3. Décision unilatérale de l'employeur

L'article L. 911-1 du Code de la Sécurité sociale envisage également la décision unilatérale comme mode de mise en place des garanties collectives de prévoyance. La loi impose la remise d'un écrit à chaque salarié intéressé, pour matérialiser la décision unilatérale de l'employeur.

Mise en place des garanties collectives par décision unilatérale de l'employeur

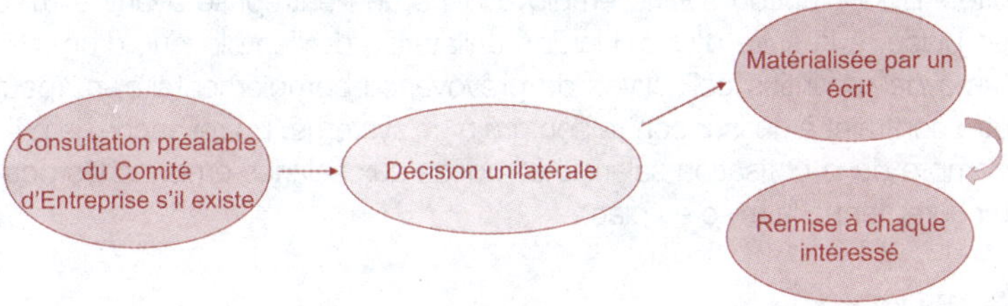

Article 11 de la loi Evin: En cas de mise en place d'un régime avec précompte de la part salariale des cotisations, les salariés présents lors de la mise en place peuvent refuser d'adhérer au régime.

CONSEIL

En pratique, les régimes de prévoyance sont parfois uniquement matérialisés par la signature d'un contrat d'assurance. Il est toutefois conseillé de formaliser ces usages dans un acte écrit, notamment dans la mesure où cette formalisation constitue une condition d'exonération de la participation de l'employeur au financement du régime de prévoyance.

Dans la mesure où la remise d'un écrit est obligatoire, l'employeur a intérêt à conserver la preuve de la remise de la décision unilatérale aux intéressés. La loi n'impose aucun moyen de preuve particulier. Il peut s'agir par exemple d'un envoi par lettre recommandée avec accusé de réception, d'une remise en mains propres avec liste d'émargement, d'une annexe au bulletin de paie.

La décision unilatérale pourra également être annexée au contrat de travail à l'occasion de l'embauche, en veillant à ce que la rédaction utilisée n'ait pas pour effet d'incorporer un avantage qui, *a priori*, a un caractère collectif dans le contrat de travail, à moins que cette incorporation soit souhaitée par les parties.

Sur le fond, la décision unilatérale aura le même contenu obligatoire que l'accord collectif de droit commun ou l'accord obtenu par le vote du personnel. Toutefois, contrairement à l'accord collectif et à l'accord ratifié par référendum, l'employeur ne peut pas imposer unilatéralement le paiement de la cotisation au salarié.

En effet, en application de l'article 11 de la loi du 31 décembre 1989 dite « Evin », aucun salarié employé dans une entreprise avant la mise en place, à la suite d'une décision unilatérale de l'employeur, d'un système de garanties collectives de prévoyance complémentaire, ne peut être contraint à cotiser contre son gré à ce système. En revanche, le précompte de la cotisation salariale s'impose aux salariés embauchés postérieurement à la mise en place.

IMPORTANT

Il est fréquent que les régimes de prévoyance soient mis en place par « accords atypiques » ratifiés, non pas avec les organisations syndicales représentatives de salariés, mais par exemple avec les délégués du personnel ou le comité d'entreprise ou encore à mainlevée. Ces accords sont valables mais ils n'ont pas la portée juridique d'une convention collective. Ils obéiront, en principe, au même régime juridique que les décisions unilatérales des employeurs.

1.4. Contrat de travail

Par principe, les garanties collectives de prévoyance mises en place par convention ou accord collectif, accord ratifié par référendum ou décision unilatérale ne s'incorporent pas au contrat de travail. La jurisprudence considère d'ailleurs que la seule mention, dans le contrat de travail, de l'existence d'un régime de protection sociale complémentaire n'a qu'une valeur informative et ne constitue pas un élément du contrat de travail.

Rien n'interdit toutefois à un employeur d'accorder à un salarié un avantage individuel en matière de prévoyance. Dans ce cas, l'avantage s'incorpore dans le statut individuel du salarié, par exemple par une mention expresse dans le contrat de travail ou la lettre d'embauche.

Lorsque cette décision implique le prélèvement d'une cotisation à la charge du salarié, ce dernier doit donner son accord. De même, si l'employeur décide ultérieurement de modifier les garanties ou d'y mettre fin, le salarié devra impérativement donner son accord.

2. Contenu du régime de prévoyance

2.1. Définition des garanties

L'objet d'un régime de prévoyance complémentaire est de permettre aux salariés, anciens salariés et ayants droit du salarié, de bénéficier de garanties en complément de celles qui résultent de l'organisation de la sécurité sociale.

L'article L. 911-2 du Code de la Sécurité sociale précise que ces garanties ont notamment pour objet de prévoir la couverture du risque décès, des risques portant atteinte à l'intégrité physique de la personne ou liés à la maternité, des risques d'incapacité de travail ou d'invalidité, des risques d'inaptitude et du risque chômage.

On distingue ainsi en pratique les garanties de « prévoyance », couvrant principalement les risques lourds liés à l'incapacité de travail, à l'invalidité et au décès, des garanties de remboursement de « frais de santé » qui recouvrent les frais pharmaceutiques, d'hospitalisation, de médecine de ville... Les régimes « frais de santé » sont souvent dénommés « mutuelles ». Ce terme est en réalité impropre dans la mesure où les mutuelles sont avant tout des organismes assureurs. Les garanties de « prévoyance » et de « frais de santé » sont en pratique regroupées sous l'expression de « prévoyance complémentaire ».

EX

Lorsqu'un salarié est en arrêt de travail, il peut percevoir des indemnités journalières complémentaires, au titre des garanties collectives de prévoyance complémentaire mises en place dans l'entreprise. Il est dans ce cas indemnisé au titre d'une garantie de « prévoyance ». En revanche, lorsque l'indemnisation du régime

constitue un remboursement d'honoraires versés à un médecin de ville, le salarié est couvert par une garantie « frais de santé ».

2.2. Objet de l'engagement de l'employeur

Dans le cadre de la mise en place d'un régime de prévoyance complémentaire, l'employeur peut prendre deux types d'engagement :

▶ Engagement sur le niveau de la garantie de prévoyance

Les salariés connaissent alors, à l'avance, le niveau de prestation dont ils vont bénéficier. Ces garanties font partie de leur statut collectif. En revanche, le coût, par définition, est indéterminé. Il va dépendre des caractéristiques techniques et actuarielles du groupe assuré, de l'évolution de la sinistralité, des conditions du marché de la protection sociale. Le « panier de soins », instauré par le législateur dans le cadre de la loi du 14 juin 2013 de sécurisation de l'emploi, ayant pour objet de généraliser la couverture « frais de santé » pour tous les salariés au 1er janvier 2016, constitue un exemple de régime de prévoyance complémentaire à « prestations définies ».

▶ Engagement sur le montant de la cotisation servant à financer le système

Cet engagement s'applique dans le cadre d'un contrat d'assurance déterminé.

L'objet de l'accord est alors de formaliser l'adhésion des salariés au contrat d'assurance. Dans ce cas, l'employeur exécute son engagement dès lors qu'il acquitte sa quote-part de cotisations.

CONSEIL

Dans la mesure où le « métier » de l'employeur n'est généralement pas de pratiquer des opérations d'assurance, il est conseillé, en pratique, de prévoir dans l'acte de droit du travail que l'obligation de l'employeur se limite au paiement de la cotisation, le versement des prestations relevant de la seule responsabilité de l'assureur.

Lorsque l'employeur s'engage uniquement sur le montant de la cotisation, il est impératif que son engagement, en droit du travail, soit déterminé de façon symétrique avec le contrat d'assurance. À défaut, en cas d'engagement de l'employeur à verser une garantie au-delà de ce que prévoit le contrat d'assurance, l'employeur serait contraint de verser le delta de prestation dû au salarié.

De façon générale, une difficulté résulte des relations triangulaires qui naissent, à propos du système de protection sociale.

Les relations triangulaires de la protection sociale

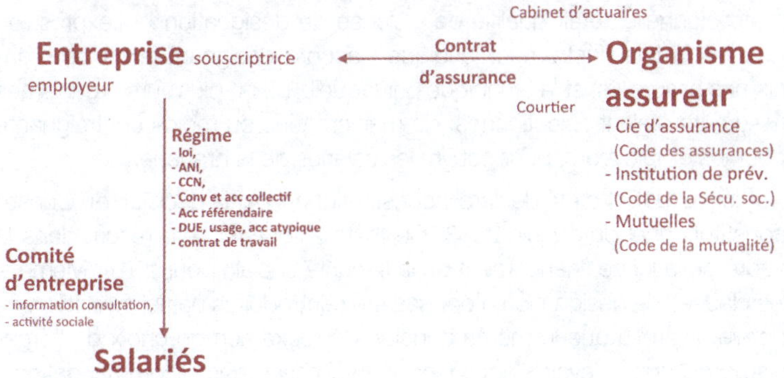

CONSEILS

Les règles édictées selon le cas, par le Code de la mutualité, le Code des assurances ou le Code de la Sécurité sociale, concernant la durée des contrats de l'organisme assureur, ne coïncident pas avec les règles prévues en droit du travail, concernant notamment la dénonciation des actes de droit du travail, ou l'échéance des accords collectifs à durée déterminée. Il est, à ce titre, possible de prévoir par exemple que le préavis de dénonciation coïncide avec le délai de résiliation du contrat d'assurance ou soit prolongé de façon à coïncider avec la prochaine possibilité de résiliation du contrat d'assurance.

2.3. Clauses obligatoires

L'acte formalisant les garanties collectives de prévoyance complémentaire doit obligatoirement comporter certaines clauses. Les dispositions du Code de la Sécurité sociale posant cette obligation sont d'ordre public.

▶ Révision quinquennale du choix de l'organisme assureur

L'article L. 912-1 du Code de la Sécurité sociale imposait obligatoirement, dans les accords professionnels ou interprofessionnels prévoyant une mutualisation des risques dont ils organisaient la couverture auprès d'un ou plusieurs organismes habilités une clause fixant, dans quelles conditions et selon quelle périodicité, les modalités d'organisation de la mutualisation des risques peuvent être réexaminées. Le texte prévoyait que cette périodicité ne pouvait excéder cinq ans. Ce schéma d'organisation de la protection sociale complémentaire au niveau des branches professionnelles était qualifié de « clause de désignation » ; l'expression visant à la fois l'instrument juridique (l'accord désignant le ou les organismes assureurs) et la technique par laquelle un ou plusieurs organismes assureurs étaient sélectionnés, de manière plus ou moins contraignante pour les employeurs, pour couvrir les salariés de la branche.

L'article L. 912-1 a été déclaré inconstitutionnel par la décision du Conseil constitutionnel du 13 juin 2013. Ce texte a toutefois été réécrit dans le cadre de la loi de financement de la sécurité sociale pour 2014. Même si les clauses de désignation n'ont pas été réintroduites par le législateur, ce dernier a prévu que le même principe de réexamen du choix de l'organisme assureur devait s'appliquer à l'hypothèse des recommandations. Ainsi, les accords professionnels doivent comporter une clause fixant dans quelles conditions et selon quelle périodicité, qui ne peut excéder cinq ans, les modalités d'organisation de la recommandation sont réexaminées.

Le même principe a été décliné lorsque le régime est mis en place au niveau de l'entreprise (CSS, art. L. 912-2). En effet, quel que soit l'acte juridique à l'origine du système (accord collectif, référendum, décision unilatérale), lorsque l'organisme assureur ou l'intermédiaire est désigné par l'acte, une clause doit être prévue, déterminant dans quelles conditions et selon quelle périodicité, le choix de l'organisme assureur ainsi que de l'intermédiaire peut être réexaminé. La périodicité du réexamen ne peut excéder cinq ans.

Aucune sanction n'est prévue en cas de non-respect de cette obligation. Dans ce cas, le système pourrait toutefois être considéré comme contraire à l'ordre public et donc ne s'imposant pas aux salariés pris individuellement.

IMPORTANT

La clause de réexamen quinquennal ne signifie pas que l'entreprise est liée pendant cinq ans avec l'assureur. En effet, la durée du contrat d'assurance est contractuellement définie. Elle est, en général, d'un an et se renouvelle tacitement tous les ans pour la même durée. Dans ce cadre, l'objectif de l'obligation de révision posée par la loi est que l'employeur s'interroge régulièrement sur le choix du prestataire opéré, et ce dans l'intérêt des salariés couverts.

▶ Maintien des garanties en cas de changement d'organisme assureur

Lorsque des salariés sont garantis collectivement en matière de prévoyance complémentaire dans le cadre d'un régime comportant la couverture des risques décès, incapacité et invalidité, l'acte formalisant le régime (accord collectif, référendum, décision unilatérale) doit inclure une clause de maintien de la garantie décès pour les bénéficiaires de rentes d'incapacité de travail et d'invalidité, en cas de changement d'organisme d'assurance (CSS, art. L. 912-3).

Cette clause renvoie à l'obligation de maintien de la garantie décès prévue par l'article 7-1 de la loi dite « Evin », la résiliation du contrat d'assurance étant sans effet sur les prestations à naître au titre du maintien de la garantie. L'acte doit en outre, prévoir une revalorisation des bases de calcul des différentes prestations relatives à la couverture du risque décès au moins égale à celle déterminée par le contrat de l'organisme assureur.

L'acte de formalisation du régime de prévoyance « incapacité, invalidité, décès » doit également prévoir, en cas de changement d'organisme d'assurance, la poursuite de la revalorisation des rentes en cours de service.

IMPORTANT

L'obligation d'organiser la revalorisation des rentes en cours de service et des bases de calcul des prestations décès incombe à l'employeur. En pratique, en cas de changement d'organisme assureur, l'employeur peut négocier la prise en charge de ces revalorisations par le nouvel assureur.

2.4. Clauses prohibées

Il est interdit de faire figurer, dans les actes mettant en place les garanties collectives de protection sociale complémentaire au bénéfice de salariés, une clause entraînant une discrimination fondée sur le sexe (CSS, art. L. 913-1). De telles dispositions seraient, en tout état de cause, nulles.

La loi précise que cette interdiction ne fait pas obstacle aux dispositions relatives à la protection de la femme en raison de la maternité.

2.5. Salariés détachés

Les salariés détachés temporairement par leur employeur dans un État membre de l'Union européenne ou dans un État partie à l'accord sur l'Espace économique européen pour y exercer une activité salariée, doivent pouvoir demeurer soumis, pendant la période de détachement, aux dispositions des régimes d'invalidité ou en cas de décès institués par accord, référendum ou décision unilatérale, applicables à l'entreprise (CSS, art. L. 914-4 alinéa 1).

De la même façon, les salariés d'un autre État membre de l'Union européenne ou d'un État partie à l'accord sur l'Espace économique européen détachés temporairement, par leur employeur, sur le territoire français, pour y exercer une activité salariée ou assimilée et qui continuent à verser des cotisations à un régime complémentaire dans cet État, sont exemptés, ainsi que leur employeur, de cotiser aux régimes d'invalidité ou en cas de décès institués par accord, référendum ou décision unilatérale, applicables à l'entreprise de détachement (CSS, art. L. 914-4 alinéa 2).

2.6. Principe d'égalité de traitement

En pratique, il est fréquent que les entreprises mettent en place des régimes de prévoyance complémentaire « catégoriels », c'est-à-dire ne bénéficiant qu'à une partie des salariés, ou bénéficiant à l'ensemble des salariés mais de façon distincte selon la catégorie dont ils relèvent.

EX

L'employeur met en place deux régimes de prévoyance « incapacité, invalidité, décès » distincts (au regard des garanties, du taux de cotisation et du montant de la contribution de l'employeur) pour les salariés « non-cadres » d'une part, et pour les salariés « cadres » d'autre part.

Au-delà de la conformité de cette pratique au regard des règles d'exonération de la participation patronale au financement des régimes de prévoyance complémentaire, la question s'est posée du respect du principe d'égalité de traitement dans cette hypothèse.

Le principe général de l'égalité de traitement impose à l'employeur de traiter de la même façon des salariés placés dans une situation identique. En matière de rémunération, cette notion se décline selon le principe « à travail égal, salaire égal ».

Dans un premier temps, les juges se sont prononcés sur la conformité des avantages catégoriels au regard de ce principe dans des domaines autres que celui de la prévoyance complémentaire. Ils ont ainsi considéré que la seule différence de catégorie professionnelle ne saurait en elle-même justifier, pour l'attribution d'un avantage, une différence de traitement entre les salariés placés dans une situation identique au regard dudit avantage, cette différence devant reposer sur des raisons objectives dont le juge doit contrôler concrètement la réalité et la pertinence.

Cette jurisprudence a été complétée pour admettre que, dans l'hypothèse d'une différence de traitement résultant de normes collectives négociées, cette différence peut être justifiée par une différence de catégorie professionnelle, dès lors qu'elle a pour but de prendre en compte, notamment, les spécificités des conditions d'exercice des fonctions des uns et des autres, l'évolution de leurs carrières respectives ou les modalités de leurs rémunérations.

Dans plusieurs arrêts de principe du 13 mars 2013, la Cour de cassation a considéré que les particularités inhérentes aux régimes de prévoyance complémentaire et de retraite supplémentaire justifient que ces régimes puissent différer selon les catégories professionnelles de salariés dans l'entreprise. Selon elle, le contrôle de la pertinence d'une inégalité de traitement ne doit s'appliquer qu'entre salariés appartenant à la même catégorie professionnelle.

EX

Si l'employeur met en place deux régimes de prévoyance « incapacité, invalidité, décès » distincts pour les salariés non-cadres et les salariés-cadres, la question du respect du principe d'égalité de traitement ne s'applique pas entre les cadres et les non-cadres.
En revanche, si l'employeur ne couvre pas de la même façon tous les salariés-cadres (par exemple en distinguant les cadres dirigeants et les autres), il devra justifier de la différence de traitement opérée.

3. Modification et dénonciation du régime de prévoyance

Les avantages de prévoyance complémentaire accordés aux salariés peuvent subir des modifications, en raison notamment de la volonté des partenaires sociaux ou pour préserver l'équilibre financier du régime.

Les règles du droit du travail s'appliquent à la modification des régimes collectifs de prévoyance complémentaire. Elles dépendent de la qualification juridique de l'acte qui en est à l'origine. Ainsi, la première tâche à accomplir est de qualifier les actes à l'origine du système dont la modification est envisagée. L'incidence d'une erreur de qualification n'est pas négligeable puisqu'elle peut aboutir à mettre en œuvre une procédure inopérante, et donc à rendre inopposables aux salariés les modifications opérées.

CONSEIL

Un régime de protection sociale complémentaire dans une entreprise, peut être très ancien et l'information n'est pas toujours disponible. Il faudra donc, avec le plus grand soin, rechercher les documents qui permettent de qualifier le système.

Quelle que soit la modification envisagée, il faut veiller à une symétrie parfaite entre, d'une part, les obligations de l'employeur vis-à-vis de ses salariés (formalisées dans l'accord, le référendum ou la décision unilatérale) et, d'autre part, le contrat d'assurance souscrit par l'entreprise, pour gérer ses obligations.

IMPORTANT

Il ne suffit pas de modifier le contrat d'assurance souscrit par l'entreprise auprès de l'assureur pour modifier les droits des salariés. Il est nécessaire de rendre opposable cette modification aux salariés en respectant parallèlement les règles de modification de l'acte de droit du travail et/ou en remettant, le cas échéant, aux intéressés une nouvelle notice d'information.

3.1. Principes

Les régimes collectifs de prévoyance complémentaire peuvent être institués par convention ou accord collectif, projet d'accord de l'employeur ratifié par le personnel ou décision unilatérale du chef d'entreprise constatée par écrit et remise à chaque intéressé.

La modification ou la dénonciation nécessite, par principe, de respecter les procédures de droit du travail applicables à chacun de ces actes. La hiérarchie des normes en droit du travail laisse toutefois la possibilité à l'employeur, qui aurait choisi de mettre en place un régime de prévoyance par un type d'acte, de le modifier ou d'y mettre fin par un autre type d'acte.

L'article L. 911-5 du Code de la Sécurité sociale précise ainsi que :
- la convention ou l'accord collectif d'entreprise peut se substituer à une décision unilatérale de l'employeur ou à un accord ratifié, sans qu'il soit besoin de dénoncer ces derniers ;
- l'accord ratifié peut se substituer à la décision unilatérale de l'employeur, sans qu'il soit besoin de dénoncer cette dernière.

Ces principes d'articulation des normes peuvent être synthétisés de la façon suivante :

Avant / Après	Convention et accord collectif	Accord référendaire	Décision unilatérale, usage et accord atypique
Convention et accord collectif	OUI	OUI	OUI
Accord référendaire	NON	OUI	OUI
Décision unilatérale, usage et accord atypique	NON	NON	OUI

CONSEIL

La modification d'un régime de prévoyance complémentaire est généralement formalisée par un avenant à l'acte initial. La multiplicité des avenants peut toutefois nuire à la lisibilité du dispositif. C'est la raison pour laquelle il est préconisé, dans ce cas, de rédiger un acte unique consolidant l'ensemble des avenants établis.

3.2. Modification et dénonciation de la décision unilatérale

La décision unilatérale de l'employeur, notamment celle visée à l'article L. 911-1 du Code de la Sécurité sociale, lorsqu'elle porte sur les garanties de protection sociale complémentaire des salariés, a la même nature juridique que l'usage. Or, la jurisprudence a établi une procédure de dénonciation et de modification de l'usage.

Ainsi, afin de procéder à la modification ou à la dénonciation d'un régime mis en place par décision unilatérale, l'employeur doit nécessairement respecter les étapes suivantes :

▶ Étape 1

Information des institutions représentatives du personnel dans l'entreprise.

Le comité d'entreprise ou, à défaut, les délégués du personnel, doivent être informés de la modification ou de la dénonciation envisagée.

Conformément à l'article R. 2323-1-11 du Code du travail, le comité d'entreprise doit également être consulté sur tout projet de modification et donc de dénonciation d'un régime de prévoyance complémentaire.

▶ Étape 2

Information individuelle de tous les salariés intéressés.

Pour la preuve, il est souhaitable de procéder par lettre remise en mains propres contre décharge ou par lettre recommandée avec accusé de réception.

▶ Étape 3

Délai de préavis suffisant permettant l'engagement d'éventuelles négociations.

Compte tenu de la finalité de ce délai, il ne peut généralement être inférieur à trois mois, courant à compter de l'information des représentants du personnel et des salariés concernés. On peut toutefois faire coïncider la durée du préavis avec le terme du contrat d'assurance.

Ce n'est qu'après la mise en œuvre de cette procédure que les modifications apportées à la décision unilatérale ou que sa dénonciation entrera en vigueur à l'échéance fixée. Toute dénonciation ou modification irrégulière est inopposable aux salariés.

IMPORTANT

Les accords atypiques conclus entre l'entreprise et les salariés par l'intermédiaire, par exemple, du comité d'entreprise ou des délégués du personnel, suivent le régime juridique des usages. Il est

donc, en principe, nécessaire de respecter la procédure jurisprudentielle applicable aux usages pour modifier ou dénoncer ces accords. Les accords peuvent toutefois prévoir les conditions de leur modification ou de leur dénonciation. Les règles fixées par la volonté des parties devront dans ce cas être respectées par l'employeur, à l'occasion de la modification ou de la dénonciation de l'accord atypique, faute de quoi, la décision sera inopposable.

Concrètement, la modification de la décision unilatérale devra être formalisée par un avenant ou par la réécriture de la décision unilatérale d'origine intégrant les modifications.

Parallèlement à la modification régulière de la décision unilatérale, l'employeur devra penser, en sa qualité de souscripteur du contrat d'assurance, à remettre aux salariés la notice d'information prévue pour toutes modifications des garanties. L'employeur qui ne respecte pas cette obligation d'information est responsable des conséquences attachées à ce manquement.

EX

Il en a été décidé ainsi à la suite de la modification d'un contrat d'assurance groupe, ayant pour effet de ne prévoir une indemnisation de l'incapacité permanente partielle que si elle était supérieure à 20 %. Un salarié ayant été atteint d'une incapacité de 18,5 % et l'employeur ne rapportant pas la preuve d'avoir informé le salarié de la restriction de cette garantie, ce dernier a été tenu d'indemniser le salarié du préjudice résultant du défaut de couverture du contrat d'assurance groupe.

3.3. Modification et dénonciation de l'accord ratifié par référendum

L'article L. 911-5 du Code de la Sécurité sociale renvoie à un décret le soin de préciser, notamment, les modalités de modification et de dénonciation de l'accord référendaire ayant institué un régime de prévoyance complémentaire.

Ce décret, annoncé en 1994, n'est jamais paru et aucune jurisprudence ne permet de traiter précisément la question.

▶ Modification de l'accord référendaire

En l'absence de texte, il faut se référer au droit commun des contrats qui suppose de respecter le parallélisme des formes. Ainsi, la modification de l'accord référendaire ne peut être opérante qu'après nouvel accord des salariés, dans le cadre d'un référendum, organisé de la même façon que pour l'accord initial. L'avenant à un accord référendaire doit donc être approuvé par le personnel dans les mêmes conditions que l'accord initial.

L'employeur peut également prévoir, dans le projet d'accord lui-même, des règles spécifiques de modification. Ces règles devront donc en tout état de cause être respectées. Il est fréquent que l'employeur prévoit de faire application de la procédure jurisprudentielle de modification et de dénonciation des usages. Cette solution est d'ailleurs cohérente avec le fait que l'accord ratifié par référendum peut être considéré comme un accord atypique au regard des conditions de sa modification, à défaut pour le pouvoir réglementaire d'en avoir précisé le statut.

En application de la hiérarchie des normes, l'accord référendaire peut être modifié par un accord ou une convention collective, sans qu'il soit besoin de respecter les formalités précitées.

▶ Dénonciation de l'accord référendaire

En raison du vide juridique, on peut considérer que les principes applicables en cas de modification de l'accord référendaire s'appliquent à sa dénonciation. Ainsi, la dénonciation supposerait qu'elle soit ratifiée par le personnel.

Toutefois, la jurisprudence a déjà considéré qu'un accord référendaire peut être dénoncé unilatéralement en respectant la procédure jurisprudentielle de dénonciation des usages, sous réserve des dispositions qui auront été arrêtées par les parties elles-mêmes dans l'accord et qui devront être respectées par l'employeur et les salariés en application du droit commun des contrats.

3.4. Modification et dénonciation de la convention ou de l'accord collectif

La convention ou l'accord collectif peut être modifié ou dénoncé.

▶ Modification de la convention ou de l'accord collectif

Lorsque le régime de prévoyance complémentaire a pour origine une convention ou un accord collectif d'entreprise, les modalités de modification de cet accord sont régies par les articles L. 2222-5, L. 2261-7 et L. 2261-8 du Code du travail.

La convention et l'accord collectif de travail prévoient dans quelles formes et à quelle époque ils pourront être renouvelés ou révisés.

CONSEIL

L'absence de clause, dans la convention ou l'accord, prévoyant les modalités de sa révision peut être paralysante en pratique. En effet, lorsque l'accord initial ne prévoit pas de clause de révision, les juges considèrent que le consentement unanime des signataires est nécessaire pour engager la procédure de révision. Si le consentement unanime des parties n'est pas obtenu, les négociations sur la révision ne peuvent donc être engagées.

Les organisations syndicales de salariés représentatives signataires d'une convention ou d'un d'accord collectif de travail ou qui y ont adhéré, sont seules habilitées à signer les avenants portant révision de cette convention ou de cet accord. L'avenant, portant révision de tout ou partie de la convention ou de l'accord collectif, signé par une ou plusieurs organisations syndicales de salariés, se substitue, de plein droit, aux stipulations de la convention ou de l'accord qu'il modifie.

Les conditions de validité et d'opposabilité de l'avenant sont identiques à celles prévues pour la convention ou l'accord collectif initial.

IMPORTANT

Si seules sont habilitées à signer l'avenant de révision les organisations syndicales de salariés représentatives signataires de l'accord initial ou y ayant adhéré, l'ensemble des organisations syndicales représentatives dans l'entreprise doivent être invitées à la négociation de l'avenant.

▶ Dénonciation de la convention ou de l'accord collectif à durée indéterminée

• Procédure de dénonciation

La disparition des garanties peut avoir pour origine la dénonciation de la convention collective qui les a instituées.

Selon l'article L. 2261-9 du Code du travail, la convention ou l'accord collectif à durée indéterminée peut être dénoncé par les parties signataires. Il prévoit les conditions dans lesquelles il peut être dénoncé et, notamment, la durée du préavis, qui doit précéder la dénonciation. En l'absence de stipulation expresse, cette durée est de trois mois.

La dénonciation est notifiée, par son auteur, aux autres signataires de la convention ou de l'accord. Elle doit également être déposée en deux exemplaires, dont une version sur support papier signée par l'auteur de la dénonciation et une version sur support électronique, auprès des services du ministre chargé du Travail par la partie la plus diligente. Un exemplaire de la lettre de dénonciation est également déposé au secrétariat-greffe du conseil de prud'hommes du lieu de conclusion.

• Effet de la dénonciation

Lorsque la dénonciation émane de la totalité des signataires employeurs ou des signataires salariés, la convention ou l'accord continue de produire effet jusqu'à l'entrée en vigueur de la convention ou de l'accord qui lui est substitué ou, à défaut, pendant une durée d'un an, à compter de l'expiration du délai de préavis, sauf clause prévoyant une durée déterminée supérieure.

Lorsque la dénonciation est le fait d'une partie seulement des signataires employeurs ou des signataires salariés, elle ne fait pas obstacle au maintien en vigueur de la convention ou de l'accord entre les autres parties signataires. Dans ce cas, la convention continue de produire effet jusqu'à l'entrée en vigueur de la convention ou de l'accord qui lui est substitué ou, à défaut, pendant une durée d'un an, à compter de l'expiration du délai de préavis, sauf clause prévoyant une durée déterminée supérieure, mais seulement à l'égard des auteurs de la dénonciation.

La convention ou l'accord collectif « survit » donc pendant une période maximale de 15 mois. Pendant toute cette période, l'employeur est débiteur d'une obligation de garantie vis-à-vis de ses salariés et devra être conscient du fait qu'il est tenu de maintenir en vigueur le contrat d'assurance correspondant, faute de quoi il devra assumer, en cas de sinistre, le paiement des prestations initialement prévues. On notera que ce délai de « survie » ne coïncide pas, en pratique, avec le préavis de dénonciation du contrat d'assurance.

Il faut donc veiller à ce que l'accord collectif, qui fonde l'adhésion au contrat d'assurance de groupe, ait la même échéance que la convention d'assurance. À défaut, l'employeur risque, si la convention collective est maintenue temporairement alors que le contrat d'assurance est résilié, d'être tenu de payer seul les prestations. À l'inverse, le contrat d'assurance, si les échéances ne coïncident pas, peut être prolongé au-delà de l'obligation conventionnelle d'adhérer imposée aux salariés, par le texte qui a été dénoncé. Dans ce dernier cas, l'employeur précompte illégalement les cotisations, puisque la convention collective qui lui permettait de prélever ces sommes sur la rémunération des salariés, n'existe plus.

Il est, à ce titre, possible de prévoir par exemple que le préavis de dénonciation coïncide avec le délai de résiliation du contrat d'assurance ou est prolongé de façon à coïncider avec la prochaine possibilité de résiliation du contrat d'assurance. L'essentiel est que l'employeur ne soit jamais « à découvert », faute de quoi il devra assumer lui-même les prestations qui, normalement, sont du ressort de l'organisme assureur.

CONSEIL

L'employeur peut négocier avec ce dernier une prorogation d'échéance jusqu'au terme du préavis de dénonciation.

• Ouverture d'une négociation

En cas de dénonciation de la convention ou de l'accord par la totalité des signataires employeurs ou des signataires salariés, une nouvelle négociation doit s'engager, à la demande d'une des parties intéressées, dans les trois mois qui suivent la date de la dénonciation. Ainsi, deux cas peuvent se présenter.

Dans le premier cas, la négociation aboutit et le délai de maintien temporaire de la convention collective est immédiatement interrompu, sauf volonté contraire des parties. La nouvelle convention collective s'applique, qu'elle soit ou non plus favorable aux salariés, sauf dispositions contraires voulues par les parties. La jurisprudence considère que l'accord de substitution ne peut entrer en vigueur et remplacer l'ancien accord avant l'expiration du délai de préavis.

La négociation échoue ; dans ce second cas, afin d'éviter que les salariés subissent un « vide juridique », la loi prévoit que les salariés conservent les avantages individuels qu'ils ont acquis en application de la convention ou de l'accord, à l'expiration du délai de « survie ».

Pendant toute l'application du délai de transition, les salariés doivent conserver tous les avantages résultant de l'accord dénoncé.

• Notion d'avantage individuellement acquis

Il n'existe pas, en droit du travail, de principe général de maintien des avantages acquis. Cette règle n'est envisagée par l'article L. 2261-13 du Code du travail que dans le cadre de la dénonciation d'une convention ou d'un accord collectif, en cas d'absence de signature d'une nouvelle convention collective ou d'un nouvel accord, à l'expiration du délai de « survie » de la convention ou de l'accord dénoncé.

L'échec des négociations est donc une condition du maintien des avantages individuels acquis.

En l'absence de texte définissant la notion d'avantage individuel acquis, la jurisprudence le considère comme un avantage qui, au jour de la dénonciation de la convention ou de l'accord collectif, procurait au salarié une rémunération ou un droit dont il bénéficiait à titre personnel et qui correspondait à un droit déjà ouvert et non simplement éventuel. Ces avantages sont intégrés dans le contrat de travail des salariés concernés qui ne peuvent donc, par la suite, être modifiés qu'avec l'accord préalable de ces derniers.

Pour qu'un avantage soit individuellement acquis, il faut que le salarié en ait déjà bénéficié. Tel est le cas, par exemple, d'une prime d'ancienneté alors que le salarié a déjà acquis cette prime en raison de son ancienneté ou d'une indemnité de licenciement ou de départ à la retraite, dès lors que le fait générateur est né, c'est-à-dire la rupture du contrat de travail, alors que l'indemnité n'est due que postérieurement à la dénonciation. Autrement dit, dans le cas envisagé par le législateur, à travers l'article L. 2261-13 du Code du travail, l'acquisition du droit pour le salarié est « instantanée ». On doit donc déterminer si, avant la date d'effet de la dénonciation de la convention collective, le salarié remplit ou non, les conditions d'attribution du droit qui résultaient du texte dénoncé.

Or, l'application de cette notion à la prévoyance complémentaire est loin d'être évidente dans la mesure où, dans cette matière, il peut se passer de très nombreuses années entre le moment où l'employeur cotise au régime et celui de la perception des prestations par le salarié.

En d'autres termes, le salarié a bénéficié du régime de prévoyance complémentaire à travers la cotisation patronale, mais il n'a pas bénéficié des prestations correspondantes. Quel est l'avantage individuellement acquis, au sens de l'article L. 2261-13 du Code du travail ?

On peut distinguer les avantages résultant, d'une part, du bénéfice des prestations de prévoyance et, d'autre part, du financement de ces dernières en tout ou partie par l'employeur.

Concernant les prestations : on peut considérer que les prestations de prévoyance complémentaire ont une nature purement collective, contraire à la notion d'avantage individuel acquis.

De plus, il peut surtout être soutenu que les caractéristiques de telles prestations rendent impossible leur qualification d'avantage acquis. En effet, seule la survenance d'un sinistre (maladie, invalidité, décès, dépense de frais de soins…) fait naître pour le salarié le droit à une prestation donnée. En outre, elles ne sont pas dues par l'employeur, mais par un organisme assureur. En conséquence, ce droit ne peut être considéré comme ouvert avant la réalisation du risque.

Concernant les cotisations : le financement patronal du régime de prévoyance constitue un élément de rémunération (pouvant être exonéré de cotisations de sécurité sociale sous certaines conditions) dont le bénéfice est déjà ouvert aux salariés, puisque l'employeur a déjà versé des cotisations mentionnées dans le bulletin de paie.

La mention dans le bulletin de paie pourrait ainsi induire un droit individuel à ce financement, peu important les garanties qu'il peut attribuer.

En tout état de cause, il est de jurisprudence constante que les salariés peuvent certes prétendre au maintien du niveau de rémunération atteint, mais en aucun cas à sa réévaluation pour l'avenir. En conséquence, à admettre la qualification d'avantage individuel acquis, l'avantage ainsi reconnu au salarié serait limité au montant en euro de la cotisation patronale figé au jour de la cessation des effets de l'accord dénoncé.

Dénonciation d'une convention ou d'un accord collectif

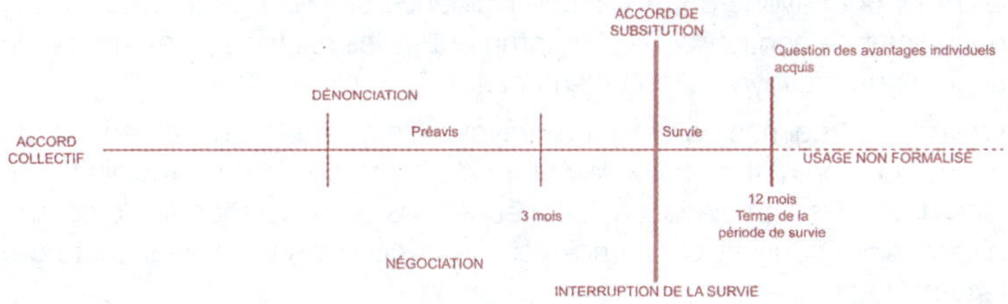

▶ Dénonciation partielle

Un accord collectif constitue un ensemble indivisible et les clauses considérées séparément ne peuvent pas faire l'objet d'une dénonciation partielle.

Cette règle s'applique, non seulement à la convention collective, mais également à ses avenants ou accords postérieurs, dès lors qu'ils sont intégrés au texte d'origine. Or, un régime de prévoyance complémentaire peut être amené à évoluer, indépendamment des autres éléments du statut collectif du personnel, notamment en raison de l'évolution de la sinistralité ou de la législation.

CONSEIL

Afin de donner au mécanisme le plus de souplesse possible et de tenir compte de son caractère évolutif, on privilégiera des accords séparés, en fonction de chaque type de garanties « frais de santé », « prévoyance », voire des accords séparés par catégorie de salariés, si les garanties sont sensiblement différentes et si les résultats des contrats d'assurance ne sont pas mutualisés. Ce principe est d'autant plus important à respecter que l'évolution du régime ne dépend pas seulement de la volonté des parties signataires, mais également du tiers qu'est l'organisme assureur.

4. Incidence des restructurations

Les restructurations affectant la situation juridique de l'employeur ont un impact sur les normes individuelles de droit du travail. L'article L. 1224-1 du Code du travail prévoit ainsi que lorsque survient une modification dans la situation juridique de l'employeur (notamment par succession, vente, fusion…), tous les contrats de travail en cours au jour de la modification subsistent entre le nouvel employeur et le personnel de l'entreprise.

Les restructurations ont aussi une incidence sur les normes collectives, négociées ou non négociées, notamment celles relatives à l'existence de régimes de prévoyance complémentaire.

Le sort des régimes collectifs de prévoyance complémentaire, en cas de restructuration, diffère selon la nature de l'acte de droit du travail à l'origine de sa mise en place. Les conséquences de l'opération sur le contrat d'assurance souscrit par l'employeur pour couvrir ses salariés sont également déterminantes.

4.1. Régime mis en place par convention ou accord collectif

▶ Mise en cause de la convention ou de l'accord collectif

Contrairement à la solution retenue par la loi concernant le contrat de travail ou par la jurisprudence s'agissant des usages d'entreprise, le statut conventionnel n'est pas transmissible lorsque les salariés, notamment en raison d'une restructuration, sortent du champ d'application du texte.

En effet, il résulte de l'article L. 2261-14 du Code du travail que les conventions et accords collectifs sont automatiquement mis en cause en cas de restructuration (notamment fusion, cession, scission ou changement d'activité) et survivent pendant un délai de préavis de trois mois puis une période de douze mois, sous réserve de la conclusion d'un accord de substitution.

La mise en cause entraîne les mêmes effets que la dénonciation :
- la convention ou l'accord collectif mis en cause reste applicable aux salariés en ayant antérieurement bénéficié (à savoir uniquement les salariés de l'entreprise concernée par l'opération de restructuration) pendant une période maximale de 15 mois, à défaut d'accord de substitution ;
- à défaut d'accord de substitution à l'issue de ce délai, l'accord disparaît et les salariés de l'entreprise concernée par l'opération de restructuration conservent les avantages individuels qu'ils ont acquis, en application de la convention ou de l'accord.

L'accord collectif dont l'application est mise en cause reste obligatoirement applicable pendant le délai de préavis. La jurisprudence a d'ailleurs précisé qu'un accord de substitution ne peut entrer en vigueur avant l'expiration de ce délai de préavis. Les juges ont néanmoins indirectement prévu une exception à cette règle, notamment lorsque l'accord de substitution est négocié avant l'opération de restructuration avec des partenaires sociaux identiques avant et après l'opération. En tout état de cause, un accord collectif déjà en place dans l'entreprise d'accueil ne peut valablement constituer l'accord d'adaptation au sens de l'article L. 2261-14 du Code du travail.

À défaut d'accord d'adaptation, la question de la contractualisation des avantages individuels acquis se pose de la même façon qu'au regard de la procédure de dénonciation.

IMPORTANT

En pratique, il peut arriver que la convention ou l'accord mis en cause continue à être appliqué par l'entreprise d'accueil au-delà de la période de « survie » de 15 mois. Dans ce cas, il faut considérer que la source de l'engagement de l'employeur constitue alors un usage non formalisé, puisque l'accord a disparu. Si cette solution reste valable au regard du droit du travail, la prolongation de l'application d'un régime « mis en cause » au profit de salariés dont le contrat de travail a été transféré au-delà de la période de survie de 15 mois est en revanche critiquable au regard des conditions d'exonération de la participation de l'employeur au financement du régime de prévoyance complémentaire.

L'application des conventions ou accords collectifs est automatiquement remise en cause, sans qu'il soit besoin de la formaliser.

La modification de la situation juridique de l'employeur, résultant par exemple d'une fusion-absorption, ne remet pas nécessairement en cause l'application de toutes les normes conventionnelles en vigueur au sein de l'entité fusionnée. Notamment, les conventions et accords de branche ne sont pas remis en cause si le nouvel employeur relève des mêmes conventions et accords de branche que son prédécesseur.

▶ Pluralité de statuts collectifs

La période pendant laquelle le dispositif mis en cause est maintenu suppose ainsi l'existence d'un « groupe fermé », dans la mesure où seuls les salariés dont le contrat de travail a été transféré peuvent s'en prévaloir.

L'entreprise d'accueil peut toutefois appliquer elle-même un dispositif collectif ayant le même objet que celui dont l'application est remise en cause. Dans cette hypothèse, l'entreprise d'accueil devra appliquer, pendant la période de « survie » de la convention ou de l'accord mis en cause, les deux normes collectives au personnel transféré.

Cette situation a deux conséquences, notamment au cas particulier des régimes de prévoyance complémentaire.

En application du principe de faveur, les salariés dont le contrat de travail a été transféré peuvent se prévaloir du régime de l'entreprise d'accueil dans l'hypothèse où il leur serait globalement plus favorable. La coexistence de différents régimes de prévoyance complémentaire ayant le même objet crée ainsi une période de « shopping social » pour ces salariés.

Les salariés de la société d'accueil pourraient se prévaloir d'une situation d'inégalité de traitement au regard des garanties procurées par les dispositifs réservés aux groupes fermés et auxquels ils n'ont pas accès.

La jurisprudence considère toutefois que l'obligation à laquelle est également tenu le nouvel employeur, en cas de transfert d'une entité économique, de maintenir au bénéfice des salariés qui y sont rattachés les droits qu'ils tiennent d'une convention ou d'un accord mis en cause, justifie la différence de traitement qui en résulte par rapport aux autres salariés. La coexistence de régimes de prévoyance distincts à la suite d'une restructuration ne méconnaît donc pas le principe d'égalité de traitement entre les salariés dont le contrat de travail a été transféré et les autres.

Seul un accord d'adaptation conclu pendant la période de survie pourra mettre fin à la dualité de statuts applicables.

CONSEIL

Si l'existence d'un groupe fermé de bénéficiaires à l'issue d'une restructuration ayant entraîné la mise en cause d'un accord collectif résulte de l'application du Code du travail, il est toutefois vivement conseillé d'envisager le plus rapidement possible une harmonisation des garanties de prévoyance au bénéfice de l'ensemble des salariés de la société.

Mise en cause d'un accord collectif

4.2. Régime mis en place par décision unilatérale

▶ Principe du transfert des engagements unilatéraux et usages

Aucune disposition légale ou réglementaire ne régit l'incidence d'une opération de restructuration sur les engagements unilatéraux de l'employeur et les usages. La Cour de cassation considère que le transfert des contrats de travail des salariés, en application de l'article L. 1224-1 du Code du travail, entraîne corrélativement leur transfert au nouvel employeur, qui doit continuer à les appliquer aux salariés en ayant antérieurement bénéficié (à savoir uniquement les salariés dont le contrat de travail est transféré).

Ainsi, en cas de restructuration, et notamment de fusion, les engagements unilatéraux sont transférés au nouvel employeur et continuent de s'appliquer dans la nouvelle entité, sans limitation de durée, à défaut de dénonciation.

La période pendant laquelle le dispositif est maintenu après son transfert suppose ainsi l'existence d'un « groupe fermé », dans la mesure où seuls les salariés dont le contrat de travail a été transféré peuvent s'en prévaloir.

L'entreprise d'accueil peut toutefois appliquer elle-même un dispositif collectif ayant le même objet que l'engagement unilatéral ou l'usage transféré. Dans cette hypothèse, l'entreprise d'accueil devra appliquer, pendant toute la période du maintien de l'engagement unilatéral ou de l'usage transféré, deux dispositifs au personnel dont le contrat de travail a été transféré.

Cette situation a deux conséquences, notamment au cas particulier des régimes de prévoyance complémentaire.

En application du principe de faveur, les salariés dont le contrat de travail a été transféré peuvent se prévaloir du régime de l'entreprise d'accueil dans l'hypothèse où il leur serait globalement plus favorable. La coexistence de différents régimes de prévoyance complémentaire ayant le même objet crée ainsi une période de « shopping social » pour ces salariés. C'est la raison pour laquelle, en pratique, il est souvent conseillé d'harmoniser rapidement les garanties de prévoyance complémentaire en cas de restructuration.

Les salariés de la société d'accueil pourraient se prévaloir d'une situation d'inégalité de traitement au regard des garanties procurées par les dispositifs réservés aux groupes fermés et auxquels ils n'ont pas accès.

La jurisprudence considère toutefois que l'obligation à laquelle est également tenu le nouvel employeur, en cas de transfert d'une entité économique, de maintenir au bénéfice des salariés qui y sont rattachés les droits qu'ils tiennent d'un engagement unilatéral transféré, justifie la différence de traitement qui en résulte par rapport aux autres salariés. La coexistence de régimes de prévoyance distincts à la suite d'une restructuration ne méconnaît donc pas le principe d'égalité de traitement entre les salariés dont le contrat de travail a été transféré et les autres.

IMPORTANT

En pratique, la difficulté réside, pour l'entreprise d'accueil, à identifier les régimes de prévoyance complémentaire qui lui auraient été transférés lorsqu'ils résultent d'usages non formalisés. Il est donc conseillé, à l'occasion de l'opération de restructuration, d'effectuer un audit du statut collectif dont bénéficiaient les salariés dans leur entreprise d'origine avant leur transfert.

Si l'entreprise d'accueil décide de ne plus appliquer les engagements unilatéraux lui ayant été transférés ou de les modifier, elle doit respecter la

procédure jurisprudentielle applicable à la modification et à la dénonciation des usages qui suppose :
- d'informer les institutions représentatives du personnel et de consulter le comité d'entreprise (s'il existe) ;
- d'informer chaque salarié intéressé individuellement et par écrit ;
- de respecter un délai de préavis suffisant.

Dès lors qu'une telle procédure est respectée, l'ensemble des avantages issus d'un engagement unilatéral transféré disparaît, sans que les salariés ne puissent revendiquer le maintien de droits acquis.

En application de la hiérarchie des normes, une convention ou un accord collectif conclu au sein de l'entreprise d'accueil peut mettre fin à l'engagement unilatéral transféré sans qu'il soit besoin de le dénoncer. Il importe peu que l'usage antérieur soit plus ou moins favorable que l'accord collectif.

Transfert d'un engagement unilatéral

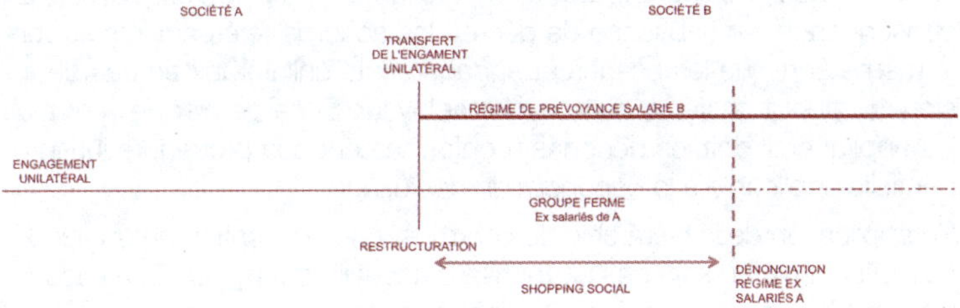

▶ Régime mis en place par décision unilatérale dans l'entreprise d'accueil

Une situation se présente souvent en pratique : les salariés dont le contrat de travail a été transféré ne bénéficiaient pas d'un régime de prévoyance complémentaire dans leur entreprise d'origine et les salariés de l'entreprise d'accueil disposent d'un dispositif mis en place par décision unilatérale.

En application de l'article 11 de la loi du 31 décembre 1989 dite « Evin », aucun salarié employé dans une entreprise, avant la mise en place d'un système de garanties collectives de prévoyance complémentaire par décision unilatérale de l'employeur, ne peut être contraint à cotiser contre son gré à ce système.

La jurisprudence a étendu ce principe à l'hypothèse d'une restructuration et considère que si l'application de l'article L. 1224-1 du Code du travail entraîne une reprise d'ancienneté au point que le salarié aurait été présent au jour de la mise en place du régime dans l'entreprise d'accueil, le salarié peut refuser d'y cotiser et donc d'y adhérer.

Les juges assimilent ainsi le transfert de salariés intervenant à l'occasion d'une modification dans la situation juridique de l'employeur à une mise en place au sens de l'article 11 de la loi « Evin ».

4.3. Régime mis en place par accords référendaires

S'agissant des accords référendaires, l'article L. 911-5 du Code de la Sécurité sociale dispose qu'un décret doit déterminer les conditions dans lesquelles ils sont mis en cause en raison, notamment, d'une fusion. Or, ce décret n'est toujours pas paru à ce jour.

Compte-tenu de cette carence réglementaire, on peut considérer qu'un accord référendaire a la nature d'un accord « atypique », a minima concernant sa dénonciation, dont le régime juridique est assimilé par la jurisprudence à celui des engagements unilatéraux de l'employeur. En conséquence, en l'absence de décret, les accords référendaires suivent le même sort que les usages et engagements unilatéraux en cas de fusion : ils sont transférés au nouvel employeur. Si ce dernier ne veut plus les appliquer, il doit les dénoncer conformément à la procédure jurisprudentielle applicable à la dénonciation des usages.

En application de la hiérarchie des normes, une convention ou un accord collectif conclu au sein de l'entreprise d'accueil peut mettre fin à l'accord référendaire transféré sans qu'il soit besoin de le dénoncer.

4.4. Sort du contrat d'assurance

Le sort des contrats d'assurance souscrits par une entreprise qui procède à une restructuration, dépend de la nature juridique de l'opération économique réalisée.

Ainsi, si l'opération entraîne la transmission universelle du patrimoine, elle emporte de ce fait le transfert automatique des contrats non conclus *intuitus personae* (en raison de la personne), y compris les contrats d'assurance. C'est généralement le cas dans l'hypothèse d'une fusion-absorption ou d'une cession. Dans ce cas, la société cessionnaire doit procéder à la résiliation des contrats qui lui sont transférés.

Les contrats d'assurance ne sont en revanche pas automatiquement transférés si l'opération n'entraîne pas de transmission universelle du patrimoine. Cela peut notamment être le cas en présence d'un apport partiel d'actifs, dans la mesure où la société apporteuse continue d'exister. Néanmoins, il est possible d'organiser, par accord entre la société bénéficiaire et la société apporteuse, la transmission universelle du patrimoine attaché à la branche d'activité faisant l'objet de l'apport.

L'harmonisation des garanties à la suite d'une opération de restructuration ne sera pas nécessairement envisagée dans le cadre du (ou des) contrat(s) d'assurance transféré(s). À ce titre, les contrats transférés peuvent être résiliés.

Il faut alors veiller à ce que la résiliation des contrats coïncide avec la fin de l'engagement de l'employeur vis-à-vis de ses salariés (mise en cause de la convention ou de l'accord collectif ou dénonciation de l'engagement unilatéral/accord référendaire) afin d'éviter toute situation de défaut de couverture dans laquelle l'employeur deviendrait son propre assureur.

CONSEIL

La survenance d'une restructuration ne constitue pas une situation dans laquelle le contrat peut être résilié par les parties en dehors des délais et procédures légaux de résiliation. En pratique, les employeurs obtiennent souvent un report de l'échéance contractuelle pour la faire décider avec la procédure engagée en application du droit du travail.

5. Rôle du comité d'entreprise

Le comité d'entreprise est un acteur de la protection sociale complémentaire d'entreprise. En effet, il doit être informé et consulté préalablement à la mise en place ou à la modification d'une garantie collective. En outre, il peut, dans certaines conditions, revendiquer la gestion du régime de prévoyance complémentaire au titre de ses activités sociales.

5.1. Information et consultation du comité d'entreprise avant mise en place ou modification du régime de prévoyance complémentaire

▶ Principe

Au titre de ses attributions économiques, le comité d'entreprise doit être informé et consulté préalablement à la mise en place, ou à la modification de garanties collectives de protection sociale complémentaire, peu important le type d'acte fondant la mise en place desdites garanties (C. trav., R. 2323-1-11).

Le non-respect de cette obligation par l'employeur est constitutif d'un délit d'entrave. Pour autant, selon la jurisprudence, le délit d'entrave n'a pas pour effet d'entraîner la nullité ou l'inopposabilité de l'accord collectif conclu sans accomplissement de cette formalité préalable dont la validité et la force obligatoire demeurent soumises aux règles qui lui sont propres. En revanche, la dénonciation par l'employeur d'un accord collectif non précédée d'une information et consultation du comité est privée d'effet jusqu'à sa régularisation.

▶ Périmètre de l'obligation

L'obligation d'informer et de consulter le comité d'entreprise est liée au caractère collectif des garanties de protection sociale complémentaire.

Quel que soit le type d'acte formalisant le régime, une information et une consultation du comité d'entreprise seront nécessaires lorsqu'il s'agit de mettre en place, de modifier ou de supprimer l'une de ces garanties.

Par conséquent, une telle procédure s'applique lorsque la mise en place ou la modification du régime est relative à des « garanties collectives », c'est-à-dire bénéficiant à l'ensemble ou à une catégorie objective de salariés.

Cette procédure est, *a priori,* écartée, lorsque les avantages sont accordés par le chef d'entreprise à titre particulier, c'est-à-dire à un ou plusieurs salariés nommément désignés dans le cadre de leur contrat de travail.

La modification des garanties collectives sera nécessairement constituée toutes les fois où une mesure affectant la gestion du régime a un impact direct sur les prestations prévues : montant, durée de versement, bénéficiaires, ou encore modalités de calcul.

EX

Une telle modification pourrait ainsi prendre la forme :

- **d'une baisse ou d'une augmentation du montant des prestations (diminution du montant de la rente d'invalidité, du capital-décès, de la pension de retraite, etc.) ;**
- **d'une mise en place, d'une augmentation, d'une diminution ou d'une suppression d'une franchise, ou d'une modification de la durée de versement des prestations (à la hausse comme à la baisse) ;**
- **d'une modification du salaire de référence retenu pour le calcul des prestations (salaire brut, salaire net, net fiscal, etc.) ;**
- **d'une modification des bénéficiaires (limitation ou extension du régime).**

La rédaction de l'article R. 2323-1-11 du Code du travail vise uniquement les « garanties » et non les « cotisations ». Pour autant, il est possible de considérer que le comité d'entreprise doit également être consulté en cas de modification des cotisations, compte tenu de l'objet même de l'engagement de l'employeur et à la lumière d'autres dispositions du Code du travail qui prévoient que :

- le comité d'entreprise examine, à la demande de l'employeur, les conditions dans lesquelles les salariés bénéficient des garanties collectives complémentaires (C. trav., L. 2323-1) ;
- doivent faire l'objet d'une consultation préalable du comité d'entreprise les mesures intéressant les conditions de travail résultant des modes de rémunération (C. trav., L. 2323-27).

IMPORTANT

Il est également conseillé d'informer et de consulter le comité d'entreprise en cas de changement d'assureur. Dans les cas où le changement d'assureur n'implique pas de modification des garanties, on pourrait considérer que ce changement n'entre pas dans le champ d'application du texte. Toutefois, les garanties sont, par principe, versées par l'organisme assureur et il est donc difficile de déconnecter le choix de l'assureur de celui des garanties. En outre, en pratique, le choix de l'organisme assureur est perçu comme une composante essentielle du dispositif de prévoyance complémentaire mis en place dans l'entreprise. On ne peut, à ce titre, exclure qu'un juge considère que l'obligation prévue par l'article R. 2323-1-11 du Code du travail vise le changement d'assureur.

▶ Procédure

L'information et la consultation du comité d'entreprise respectent les règles de droit commun applicables en la matière. Notamment, l'ordre du jour des réunions doit être communiqué aux membres au moins trois jours avant la séance. L'employeur doit faire en sorte de fournir au comité d'entreprise toutes les informations nécessaires, précises et écrites sur le projet.

Il doit par exemple informer le comité d'entreprise sur le mode de mise en place prévu pour créer un régime de prévoyance, le champ d'application de la couverture, le caractère obligatoire ou facultatif du régime, la durée du contrat de prévoyance, la nature et le contenu des garanties et les exclusions de garanties, le financement du régime, l'organisme assureur choisi…

Les juges ont ainsi eu l'occasion de condamner un employeur, sous astreinte, à communiquer le contrat de prévoyance, objet de l'information-consultation, au comité d'entreprise.

À l'issue de cette procédure, un procès-verbal du comité d'entreprise est rédigé afin d'établir la preuve de la consultation.

5.2. Communication annuelle du rapport « loi Evin »

Le comité d'entreprise peut demander le rapport sur les comptes remis chaque année à l'employeur par l'organisme assureur des garanties de prévoyance et frais de santé.

5.3. Activité sociale du comité d'entreprise : gestion du régime de prévoyance complémentaire

Sous réserve de remplir certaines conditions fixées par la jurisprudence, lorsque l'employeur organise une activité sociale au profit des salariés de son entreprise, le comité d'entreprise peut en revendiquer à tout moment la gestion, ainsi que les sommes correspondantes, notamment s'agissant d'un régime de prévoyance complémentaire.

▶ Critère de l'activité sociale

La protection sociale est une activité sociale par nature. C'est ainsi que l'article R. 2323-20 du Code du travail énumère les activités sociales et culturelles du comité d'entreprise, au titre desquelles figurent « les institutions sociales de prévoyance et d'entraide, telles que les institutions de retraite, les sociétés de secours mutuel ».

Le caractère facultatif et gratuit du système de protection sociale est le critère essentiel de la qualification d'activité sociale du comité d'entreprise. En effet, traditionnellement, constitue une activité sociale et culturelle toute activité, non obligatoire légalement, quelle que soit sa dénomination, la date de sa création et son mode de financement, exercée principalement au bénéfice du personnel, sans discrimination, en vue d'améliorer les conditions collectives d'emploi, de travail et de vie du personnel au sein de l'entreprise.

Mais au fil du temps, les juges ont été amenés à circonscrire le champ d'application de cette notion en distinguant les obligations juridiquement « sanctionnables » de l'employeur (non susceptibles de revêtir une telle qualification), et les dépenses à caractère facultatif et gratuit, caractéristiques de l'activité sociale,

Les juridictions ont ainsi considéré que peuvent être qualifiées d'activité sociale les prestations complémentaires servies au personnel par une caisse patronale financée par une cotisation de l'employeur, dès lors qu'un tel service ne correspondait pas à une obligation légale ou conventionnelle incombant à l'employeur, peu important que ces avantages puissent présenter un caractère de complément de rémunération, au regard de la législation de la sécurité sociale.

IMPORTANT

Les régimes de protection sociale complémentaire gérés par le comité d'entreprise ont donc nécessairement un caractère facultatif pour les salariés.

▶ Monopole de gestion des activités sociales et culturelles

La qualification d'activité sociale et culturelle permet à un comité d'entreprise de revendiquer la gestion d'un régime de prévoyance complémentaire, en application de l'article L. 2323-83 du Code du travail selon lequel le comité d'entreprise assure, participe ou contrôle la gestion des activités sociales et culturelles, quel que soit leur mode de financement.

L'employeur ne peut donc, sans commettre le délit d'entrave, s'opposer à l'exercice par le comité d'entreprise de cette compétence.

Sur ce point, la jurisprudence a eu l'occasion de juger que :

- cette règle s'applique même s'il s'agit de transférer au comité d'entreprise une activité sociale prise en charge par l'employeur directement, notamment lorsqu'il s'agit, pour les salariés, du financement de leur mutuelle ;
- l'employeur ne peut décider seul d'imputer sur sa contribution les cotisations versées à une caisse d'invalidité, dès lors que cette décision empiète sur les pouvoirs de gestion du comité central, alors même que cette œuvre est gérée paritairement et qu'il a été constaté que le régime de prévoyance n'avait pas été pris en compte pour déterminer le montant de la contribution patronale.

Le comité d'entreprise dispose d'une grande liberté de gestion dans la mesure où il décide librement de l'affectation des fonds consacrés aux activités sociales et culturelles.

▶ Financement de l'activité sociale et culturelle

Dès lors que le régime mis en place est qualifié d'activité sociale, et que le comité d'entreprise en revendique la gestion, la subvention patronale du comité d'entreprise doit être augmentée. Le montant de cette augmentation sera égal à la plus élevée des sommes consacrées par l'employeur au régime durant les trois années précédant celle où comité a revendiqué la gestion de l'activité sociale (R. 2323-35 du Code du travail).

Selon les juridictions, en vertu du principe d'intangibilité du budget du comité d'entreprise qui est d'ordre public, ce dernier ne peut pas renoncer conventionnellement à percevoir une partie de cette contribution patronale, ou remettre en cause les règles de détermination du budget du comité par accord collectif.

Quoi qu'il en soit, si le comité d'entreprise décide par la suite de faire évoluer la couverture de prévoyance complémentaire, voire de la supprimer, la subvention n'est pas affectée par cette décision.

Pour autant, l'employeur reste libre de dénoncer un usage ou un accord collectif conclu avec le comité d'entreprise ayant pour objet de fixer sa contribution aux activités sociales et culturelles - sans avoir à motiver cette décision - à la double condition que :

- la dénonciation soit précédée d'une information donnée au comité dans un délai suffisant pour permettre l'ouverture de négociations ;
- cette dénonciation n'ait pas pour effet de réduire la subvention de l'entreprise en deçà des minima fixés par la loi ou la convention collective applicable dans l'entreprise.

Dans ce cas, le chiffre le plus avantageux atteint au cours des trois dernières années n'est maintenu que pour autant que la masse salariale reste constante ; si elle diminue la contribution subit la même variation.

IDÉES CLÉS

- L'employeur dispose de trois outils pour formaliser la mise en place de garanties de prévoyance complémentaire : convention ou accord collectif, accord ratifié à la majorité des intéressés, décision unilatérale remise à chaque intéressé.
- L'identification de la source du régime de prévoyance complémentaire est indispensable pour déterminer selon quelles modalités le régime pourra être modifié ou dénoncé et quel sera son sort en cas de restructuration.
- Le statut de l'accord référendaire n'ayant jamais été précisé, on lui appliquera en pratique le régime juridique des usages et engagements unilatéraux.
- L'employeur doit être vigilant au regard du fait que les salariés peuvent se prévaloir du « principe de faveur » pour revendiquer une disposition d'un acte de droit du travail (par exemple accord de branche) relatif à des garanties de prévoyance complémentaire.
- Le comité d'entreprise doit nécessairement être associé à un projet de mise en place ou de modification d'un régime de prévoyance complémentaire. ■

Les relations employeur/organisme assureur/salarié : régime juridique des contrats de prévoyance

Il existe trois catégories d'organismes assureurs régies par des codes différents. Mais les principales règles qui régissent leurs relations avec les employeurs souscripteurs de garanties collectives et les salariés bénéficiaires des garanties, sont, le plus souvent, similaires voire identiques.

1. Trois familles d'organismes assureurs/trois codes

Les opérations d'assurance de personnes peuvent relever des Codes des assurances, de la mutualité ou de la Sécurité sociale, suivant l'organisme assureur auquel le souscripteur confie la couverture des garanties. Il existe, en effet, trois familles d'organismes assureurs :

1.1. Les sociétés d'assurance régies par le Code des assurances

Régies par le Code des assurances, elles peuvent être constituées sous la forme d'une société anonyme ou d'une société à forme mutuelle.

Les sociétés anonymes d'assurance ont la nature de société commerciale et leur fonctionnement institutionnel est régi par le Code de commerce.

Les sociétés d'assurance mutuelles dont le fonctionnement institutionnel est régi par le Code des assurances, sont des sociétés de personnes à but non lucratif. Elles ont une nature non commerciale. Leurs adhérents, dénommés sociétaires, participent indirectement à leurs assemblées générales, par l'élection de leurs délégués. Elles peuvent faire appel à des intermédiaires d'assurance (sociétés d'assurance mutuelles) ou non (sociétés mutuelles d'assurance, dites « mutuelles sans intermédiaire »).

Le régime juridique des contrats d'assurance qu'elles proposent est identique et régi par le Code des assurances.

1.2. Les institutions de prévoyance régies par le Code de la Sécurité sociale

Les institutions de prévoyance sont des personnes morales de droit privé à but non lucratif, régies par le titre III du livre IX du Code de la Sécurité sociale. Elles sont gérées paritairement par les employeurs et des représentants des salariés, ou des organisations patronales représentant les employeurs et des organisations syndicales représentatives des salariés.

Elles peuvent être créées par accord collectif ou référendaire, ou lorsqu'elles ont un champ interprofessionnel, par une décision conjointe des représentants des employeurs et des salariés.

Leur organe délibérant est une assemblée générale ou une commission paritaire, composée du collège des adhérents, qui accueille les employeurs ou leurs représentants, d'une part et du collège des membres participants, qui accueille les représentants des salariés, d'autre part. Elles statuent, de même que le conseil d'administration, par délibérations concordantes des deux collèges.

Elles ne peuvent assurer que des salariés ou anciens salariés et leurs ayants droit.

Les opérations des institutions de prévoyance sont régies par un règlement ou un contrat collectif. Le règlement est modifié par l'assemblée générale ou la commission paritaire, et doit faire l'objet d'un avenant signé par les parties. Le contrat collectif obéit aux principes du droit des contrats, et ne peut être modifié que par avenant, sans l'intervention de l'organe délibérant.

Les institutions de prévoyance peuvent constituer des unions d'institutions de prévoyance, dont le fonctionnement paritaire est proche de celui de leurs membres. Elles sont créées soit pour proposer aux institutions membres des garanties spécifiques, soit pour les réassurer.

1.3. Les mutuelles et unions de mutuelles régies par le Code de la mutualité

Les organismes mutualistes sont des personnes morales de droit privé à but non lucratif.

Les personnes physiques adhérentes à une mutuelle en deviennent membres participants. Leurs statuts peuvent conférer aux employeurs souscripteurs de garanties collectives, la qualité de membre honoraire.

L'assemblée générale des mutuelles est composée des membres participants et, le cas échéant des membres honoraires, ou de délégués élus par eux. L'assemblée générale décide souverainement des modifications apportées aux statuts et aux garanties régis par un règlement mutualiste. Lorsque les garanties collectives sont souscrites dans le cadre d'un contrat collectif portant accord particulier, les modifications doivent faire l'objet d'un avenant signé par les parties.

Les mutuelles peuvent constituer des unions de mutuelles qui peuvent, ou non, réaliser des opérations d'assurance. Leur fonctionnement est similaire, mais leur assemblée générale est composée de délégués des mutuelles membres. Les membres participants et honoraires n'y sont qu'indirectement représentés par ces dernières, dont ils sont membres.

Les opérations d'assurance des organismes mutualistes relèvent du livre II du Code de la mutualité, c'est pourquoi elles sont qualifiées de « mutuelles ou unions du livre II ».

Le vocabulaire de l'assurance :

- **Les intervenants**

Le **souscripteur** est la personne qui signe un contrat d'assurance. En matière de couverture collective des salariés, le souscripteur est l'employeur. Dans les institutions de prévoyance il est dénommé **adhérent**. Dans les organismes mutualistes, il est qualifié de **membre honoraire**.

L'assuré est la personne sur la tête de qui repose le risque. En matière d'assurance collective d'entreprise, il s'agit des salariés, qui adhèrent ou sont affiliés au contrat. Dans les sociétés d'assurance, il est dénommé l'**adhérent**. Il est **membre participant** des institutions de prévoyance et des organismes mutualistes.

L'**ayant droit** est la personne qui bénéficie des garanties du chef de l'assuré. Les statuts de l'organisme ou le contrat d'assurance ou le règlement attribuent librement cette qualité aux personnes liées à l'assuré. La notion d'ayants droit désignera le plus souvent le conjoint de l'assuré (et parfois son partenaire de PACS ou le concubin), ses enfants, voire ses ascendants. Généralement, ils devront être à charge de l'assuré.

Le **bénéficiaire** est la personne qui perçoit les prestations en cas de survenance du risque garanti. Ce sera l'assuré pour les garanties incapacité, invalidité ; l'assuré ou l'ayant droit pour les garanties frais de santé ; les personnes désignées par l'assuré pour les garanties décès.

Est un **intermédiaire d'assurance** la personne physique ou morale qui, contre rémunération, présente, propose ou aide à conclure des contrats d'assurance ou de réassurance ou réalise d'autres travaux préparatoires à leur conclusion. Ils peuvent être :

- des courtiers, mandataires de l'assuré ou du souscripteur,
- des agents d'assurance, mandataires d'une société d'assurance,
- des mandataires d'organismes assureurs ou d'intermédiaires d'assurance.

Ils ne peuvent exercer leur activité, qu'après leur immatriculation à l'ORIAS, organisme qui vérifie leur honorabilité, compétences et assurances.

La réassurance est l'assurance de l'organisme assureur. Le contrat qui les lie est un traité de réassurance. Seul l'organisme assureur est responsable vis-à-vis des assurés.

• Le système de garanties

La garantie **incapacité de travail** couvre l'arrêt de travail de l'assuré, en cas de maladie ou d'accident le rendant temporairement dans l'incapacité d'exercer son activité professionnelle.

La garantie **invalidité** a pour objet de couvrir l'incapacité permanente de l'assuré, dont l'état de santé est consolidé.

La **prime ou cotisation** est la somme due par le souscripteur pour bénéficier de la couverture. Les deux termes visent la même notion, la prime étant celui employé par les sociétés anonymes d'assurance et la cotisation par les autres types d'organismes assureurs (institutions de prévoyance, organismes mutualistes et sociétés d'assurance mutuelles)

On distingue :

- la **prime pure**, qui correspond à la somme nécessaire à l'organisme assureur pour faire face à ses engagements ;
- la **prime nette** ou **prime commerciale**, qui correspond à la prime pure majorée des chargements, taxes et contribution. Les chargements incluent les frais généraux de l'organisme assureur, qui comprennent les frais de gestion (encaissement des cotisations, gestions des résiliations, suivi comptable et juridique, paiement des prestations, gestion du tiers payant…), frais d'acquisition (réseau commercial, marketing, commissions des intermédiaires…).

Les **prestations** sont les sommes dues par l'organisme assureur à l'assuré ou au bénéficiaire en cas de réalisation du risque.

Les **provisions techniques** représentent, dans les comptes de l'organisme assureur, ses engagements vis-à-vis des assurés et bénéficiaires. Elles doivent être adossées sur des actifs équivalents. Les principales provisions techniques sont :

- les **provisions mathématiques** pour les garanties stipulées sous la forme de rentes viagères ou les assurances sur la vie. Elles correspondent à la différence entre les valeurs actuelles des engagements respectivement pris par l'assureur (verser une prestation) et par les assurés (payer une cotisation) ;
- les **provisions d'égalisation**, destinées à faire face aux fluctuations de sinistralité afférentes aux opérations d'assurance de groupe ;
- les **provisions pour risque croissant** qui ont pour objet de couvrir le fait que la prime ou cotisation dont le montant évolue peu dans le temps pourra être insuffisante dans l'avenir pour faire face aux engagements de l'assureur.
- les **provisions de gestion**, destinées à couvrir les charges de gestion future des contrats non couvertes par ailleurs.

La somme des prestations et des provisions est qualifiée de « **charge de sinistres** ».

Le rapport **sinistres/primes** (S/P) ou **prestations/cotisations** (P/C) permet de déterminer si les résultats du contrat sont excédentaires (S/P ou P/C < 100) ou déficitaires (S/P ou P/C > 100).

2. Souscription du contrat d'assurance

Le régime juridique du contrat d'assurance des trois familles d'organismes assureurs est très proche.

L'opération débute par la signature du contrat par l'employeur : la souscription d'un contrat d'assurance de groupe auprès d'une société d'assurance ou l'adhésion à un règlement ou souscription d'un contrat collectif auprès d'une institution de prévoyance ou un organisme mutualiste.

Puis, les salariés adhèrent ou s'affilient au contrat ou au règlement, ou, pour les institutions de prévoyance, y sont affiliés par l'employeur.

Il naît de ce système une relation triangulaire, régie par le Code du travail et le droit applicable au contrat d'assurance, qui interfèrent sans se mêler :

Relation triangulaire en prévoyance collective

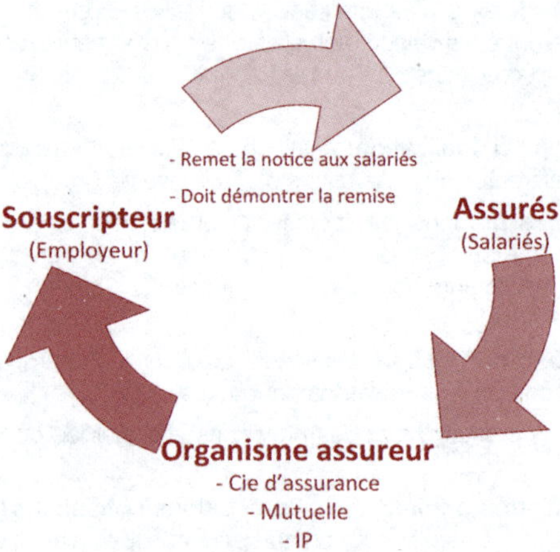

2.1. Déclarations à la charge du souscripteur ou de l'assuré

L'organisme assureur détermine le coût et l'étendue des garanties en fonction du risque à assurer. En matière d'assurance collective des salariés, il a une obligation d'assurer l'ensemble d'une catégorie de salariés donnée. En effet, l'exclusion des salariés en arrêt de travail ou en invalidité pourrait être considérée comme une exclusion en raison de l'état de santé. Les déclarations du souscripteur et, le cas échéant des assurés, sont donc essentielles, pour qu'il puisse apprécier l'assurabilité du groupe et le coût du risque.

Les Codes des assurances et de la Sécurité sociale imposent à l'employeur co-contractant (souscripteur ou adhérent), de répondre très précisément aux questions posées par l'organisme assureur. Il s'agit généralement des caractéristiques du groupe assuré (âge et sexe, catégorie professionnelle, convention collective applicable, situation au regard de l'employeur – ex : salariés en activité, en arrêt de travail ou invalidité, suspension du contrat de travail…). À défaut, il peut engager sa responsabilité. Mais corrélativement, il ne peut lui être reproché de répondre de manière très générale, lorsque des questions lui sont posées en terme généraux.

En outre, lorsque des informations sont demandées à l'adhérent ou au membre participant (en prévoyance d'entreprise, ce sont les salariés), les textes sanctionnent sa fausse déclaration intentionnelle par la nullité de la garantie. Le plus souvent, et notamment lorsque l'effectif à assurer est peu nombreux, il est demandé aux salariés de renseigner un questionnaire médical. Leurs déclarations sont protégées par le secret médical. Ces informations permettent à l'organisme assureur de déterminer le niveau de garanties et les primes ou cotisations. Lorsque la population à assurer lui paraît représenter un risque aggravé, il peut demander une surprime, voire refuser sa garantie. Dans ce cas, son refus doit concerner le groupe de salariés dans son ensemble.

En cas de fausse déclaration du salarié, l'organisme assureur peut invoquer, si elle est considérée comme non intentionnelle, la réduction des garanties ou l'augmentation des primes ou cotisations proportionnellement à l'impact de la fausse déclaration sur son appréciation du risque.

IMPORTANT

La déclaration du risque à assurer par l'employeur est essentielle pour permettre à l'organisme assureur de cerner le risque à assurer et déterminer le coût de la couverture. En l'absence de sincérité, l'employeur s'expose au paiement de dommages et intérêts pour faute contractuelle.

2.2. Remise d'une notice d'information

Les trois codes et la loi n° 89-1009 du 31 décembre 1981, dite « loi Evin », prévoient que l'organisme assureur doit établir et remettre à l'entreprise souscriptrice une notice d'information. Ce document doit délivrer toutes les informations utiles pour que l'adhérent puisse faire valoir ses droits : définition des droits et obligations des assurés, adhérents et membres participants, des risques assurés et des garanties souscrites et leurs modalités d'entrée en vigueur, délais et formalités de déclaration des sinistres. Les Codes des assurances et de la Sécurité sociale exigent que les clauses relatives aux exclusions de garanties et à la prescription soient libellées en caractères très apparents. À défaut, elles sont inopposables.

Une obligation d'information identique existe en cas de modification de ces garanties.

En matière d'assurance collective, le législateur a également mis à la charge de l'employeur-souscripteur une obligation d'information envers les salariés-assurés.

L'employeur doit remettre la notice d'information à chaque salarié intéressé et pouvoir prouver avoir satisfait à cette obligation.

En outre, une obligation spécifique d'information pèse sur l'employeur-souscripteur d'un contrat auprès d'une société d'assurance. En effet, il doit informer par écrit les adhérents des modifications apportées à leurs droits et obligations, trois mois au minimum avant la date prévue de leur entrée en vigueur.

Une telle obligation n'existe pas concernant les institutions de prévoyance et les mutuelles, dont les membres participants doivent seulement être informés des modifications apportées au règlement ou au contrat.

Lorsque l'adhésion au contrat est facultative, les adhérents peuvent résilier leur adhésion en raison des modifications qui lui sont apportées. Tel est le cas, également, lorsque les cotisations sont augmentées.

Contrairement aux Codes des assurances et de la Sécurité sociale, le Code de la mutualité est muet sur le contenu du contrat d'assurance. Mais généralement, les organismes mutualistes appliquent les dispositions des autres codes.

> Quelques définitions :
>
> – **prescription** : délai au terme duquel une action est éteinte.
>
> La prescription de droit commun est généralement de cinq ans.
>
> Les opérations d'assurance font l'objet d'une prescription abrégée : l'assuré dispose d'un délai de deux ans pour demander les prestations d'un contrat d'assurance, ou contester les décisions prises par l'organisme assureur.
>
> Pour les garanties décès, le bénéficiaire dispose d'un délai de dix ans pour agir, courant à compter du décès de l'assuré, ou de la connaissance du décès ou de l'existence d'une stipulation faite à son profit.
>
> En toute hypothèse, son action est prescrite au terme d'un délai de trente ans suivant le décès. C'est pourquoi les organismes assureurs ont une obligation de rechercher les bénéficiaires des capitaux-décès dès qu'ils ont connaissance du décès d'un assuré.
>
> Par exception, les actions portant sur les garanties incapacité de travail souscrites auprès d'une institution de prévoyance se prescrivent par cinq ans. Un projet de loi devrait étendre ce délai aux garanties proposées par les sociétés d'assurance et les organismes mutualistes.
>
> Les organismes assureurs ont un délai identique pour faire valoir leurs droits auprès des souscripteurs et des assurés (ce délai concerne principalement l'action en paiement des cotisations).
>
> Le point de départ du délai de prescription est le jour où l'intéressé a connaissance de l'existence de son droit.

La prescription peut être interrompue par :
- une action en justice ;
- la reconnaissance du droit par son débiteur (l'organisme assureur reconnaît que la prestation est due, ou l'assuré qu'il est redevable d'une cotisation, par exemple) ;
- ou une mesure conservatoire ou d'exécution forcée.

En outre, lorsque l'organisme assureur des garanties est un organisme mutualiste ou une société d'assurance, la désignation d'un expert après sinistre, ou l'envoi d'une lettre recommandée avec demande d'avis de réception interrompt la prescription, s'agissant de l'exigibilité d'une prestation ou de la cotisation ou de la prime.

L'interruption de la prescription annule le délai déjà couru et fait naître un nouveau délai.

- **déchéance** : sanction qui entraîne la perte d'un droit. Les Codes des assurances, de la mutualité et de la Sécurité sociale déclarent nulles les clauses de déchéance pour déclaration tardive d'un sinistre ou des éléments nécessaires à sa liquidation. L'assuré ou le souscripteur peut néanmoins être redevable vis-à-vis de l'organisme assureur d'une indemnité, si le retard lui a causé un préjudice ;
- **exclusion** : événement, sinistre ou circonstances que l'organisme assureur ne garantit pas. Sont généralement exclus les sinistres intentionnellement provoqués par l'assuré, ainsi que certaines activités sportives ou professionnelles dangereuses. Le fait de guerre constitue une exclusion légale. Il en va de même du suicide pour les opérations individuelles et collectives facultatives (hors entreprises ou emprunteurs). L'employeur doit veiller à ce que les exclusions ne réduisent pas de manière excessive les garanties, au regard de ses obligations légales ou conventionnelles ;
- **franchise** : part du sinistre qui reste à la charge de l'assuré ;
- **délai de carence** : période pendant laquelle la garantie ne joue pas et de ce fait, aucune prestation n'est due, alors que des cotisations ont été payées ;
- **subrogation** : mécanisme qui permet à l'organisme assureur ayant versé des prestations à un assuré victime d'un accident ou d'une agression, d'en demander le remboursement au tiers responsable du dommage indemnisé, ou à son assureur. Sont seules concernées les prestations dites indemnitaires, c'est-à-dire celles qui permettent de compenser le dommage effectivement subi par l'assuré. L'exercice du recours subrogatoire permet à l'organisme assureur de réduire la charge de sinistres.

2.3. Encadrement de la sélection médicale par l'organisme assureur

Les questionnaires de sélection des risques sont, en assurances de personnes, soit des questionnaires médicaux renseignés par les salariés, soit un état du personnel à assurer dans lequel l'employeur doit déclarer des salariés ou anciens salariés en arrêt de travail ou en invalidité.

Constatant que les organismes assureurs excluaient purement et simplement des salariés qui, dans une entreprise donnée, représentaient un risque aggravé, ou excluaient de manière très générale toute prise en charge des maladies contractées antérieurement à la souscription, le législateur a, dans une loi du 31 décembre 1989, dite « loi Évin », mis un terme à ces pratiques.

Désormais, les employeurs sont tenus de prendre en charge « les suites des états pathologiques antérieurs à la souscription du contrat ». Cette obligation, qui s'inscrit en toute hypothèse dans le cadre de l'interdiction de toute discrimination entre les salariés en raison de leur état de santé, n'est pas si évidente en matière d'assurance, puisque le caractère aléatoire de ces opérations implique qu'un sinistre ne doit pas être réalisé le jour de la conclusion du contrat. Aussi, la mise en œuvre de cette obligation légale suscite des interrogations.

Il ne fait aucun doute qu'un salarié en arrêt de travail doit être pris en charge si, en cas d'aggravation ou de consolidation de son état de santé, il est classé en invalidité.

De même, l'organisme assureur doit verser les prestations prévues par le contrat en cas de décès d'un salarié invalide ou en arrêt de travail lors de la mise en place des garanties.

Dans ces deux cas, en effet, il s'agit de prendre en charge une aggravation du risque initial.

En revanche, la réponse à la question de savoir si un organisme assureur est tenu de verser des indemnités journalières complémentaires à un salarié déjà en arrêt de travail, ou une pension d'invalidité à un salarié déjà reconnu invalide à la date de la conclusion du contrat est moins évidente. La jurisprudence ne s'est pas prononcée à ce jour sur cette question. La prudence conduit à conseiller de les couvrir, compte tenu du risque lié à la condamnation de l'employeur pour discrimination, et pour l'assureur de devoir indemniser le salarié sans avoir encaissé de cotisations. Mais dans ce cas, une « surprime » élevée sera certainement exigée par l'organisme assureur, rendant l'accès à l'assurance extrêmement onéreux.

3. Paiement des cotisations

Le contrat d'assurance détermine le montant et la périodicité des cotisations ou primes.

Généralement, en matière de prévoyance collective des salariés, l'employeur précompte la part salariale de la cotisation ou de la prime et la verse à l'organisme assureur, avec sa propre contribution, aux échéances convenues.

En cas de défaut de paiement, les trois codes édictent une procédure similaire.

3.1. Garanties « non vie »

Les garanties relevant de l'assurance « non vie » sont toutes les garanties de prévoyance à l'exception du décès non accidentel.

Lorsque la prime ou cotisation n'est pas payée dans les dix jours de son échéance, l'organisme assureur émet une mise en demeure, par lettre recommandée. Cet envoi déclenche un délai de trente jours au terme duquel les garanties peuvent être suspendues. Si les primes ou cotisations ne sont toujours pas payées dans les dix jours suivants, la garantie peut être résiliée. Dans ce cas, aucune prestation n'est due s'agissant des sinistres intervenus pendant cette période de quarante jours correspondant à la suspension et à la résiliation des garanties. En revanche, les cotisations échues et non payées restent dues.

Compte tenu de cette sanction, le Code de la mutualité impose aux organismes mutualistes d'informer leurs membres participants de la faculté dont ils disposent de conserver leur couverture à condition d'acquitter l'intégralité de la cotisation.

Par exception, lorsque la souscription du contrat a été rendue obligatoire pour l'employeur en application de dispositions conventionnelles instituant une « désignation » ou une « recommandation », les salariés conservent leur couverture. L'employeur reste, cependant, débiteur des primes ou cotisations, des frais de poursuite et de recouvrement.

3.2. Garanties « mixtes »

Selon la jurisprudence, la coexistence de garanties « vie » et « non vie » donne au contrat un caractère « mixte », qui entraîne l'application des règles relatives à l'assurance non vie : le contrat d'assurance est purement et simplement résilié à défaut de paiement des cotisations, après une période de suspension des garanties. Les contrats de prévoyance entrent dans cette catégorie.

3.3. Garanties « vie »

Les garanties « vie » sont les garanties en cas de décès ou en cas de vie, non accidentels.

L'organisme assureur n'a pas d'action pour obtenir le paiement des primes ou cotisations. La défaut de paiement d'une cotisation ou prime dans les dix jours de son échéance, déclenche l'envoi par l'organisme assureur d'une lettre recommandée, par laquelle l'assuré ou adhérent est informé qu'en l'absence de régularisation dans un délai de 40 jours, il pourra prononcer la résiliation du contrat, s'il n'a pas de valeur de rachat ou si elle est insuffisante, ou sa mise en réduction. Les contrats de prévoyance collective, quand bien même ils ne couvrent que le décès, sont dépourvus de valeur de rachat.

En matière d'assurance collective, lorsque le souscripteur ne précompte pas la prime ou cotisation, il doit informer l'adhérent défaillant du risque de son exclusion du groupe assuré en conséquence de son défaut de paiement.

4. Résiliation du contrat d'assurance et ses conséquences

Le contrat d'assurance fixe sa durée, les modalités et les conséquences de sa résiliation.

En toute hypothèse, l'employeur ou l'organisme assureur peut résilier le contrat chaque année à son échéance, moyennant respect d'un préavis de deux mois. Généralement, les contrats d'assurance collectifs ou les adhésions aux règlements ont une durée annuelle qui coïncide avec l'exercice civil. En pratique, l'échéance annuelle est alors fixée au 31 décembre de chaque année. La date limite d'envoi du courrier de résiliation est donc le 31 octobre.

Les garanties collectives frais de santé à adhésion facultative ne peuvent être résiliées par l'organisme assureur, sauf en cas de défaut de paiement (article 6 de la « loi Evin », article L. 221-10 du Code de la mutualité).

Afin de préserver les droits des assurés dans le cadre d'un contrat collectif, en cas de résiliation du contrat d'assurance auquel ils sont adhérents ou affiliés, la « loi Évin » oblige l'organisme assureur à poursuivre le paiement des prestations à exécution successives (indemnités journalières, rentes et pensions) jusqu'à leur terme contractuel, au moins à leur niveau atteint. Ce droit au maintien des « prestations en cours de service » s'applique également aux garanties collectives instituées en dehors de l'entreprise, c'est-à-dire à tous les contrats d'assurance de groupe, quels que soient la qualité du souscripteur et ses liens avec les adhérents.

De même, en lien avec l'obligation de l'employeur d'organiser, en cas de changement d'organisme assureur, la poursuite du versement des prestations servies sous forme de rentes et le maintien des garanties en cas de décès, la loi prévoit, depuis 2002, que la résiliation d'un contrat d'assurance ne peut avoir aucune incidence sur le maintien des garanties décès au profit des salariés en arrêt de travail ou en invalidité à la date de la résiliation, tant que se poursuivent ces indisponibilités.

Corrélativement, l'organisme assureur est tenu de provisionner ses engagements. C'est-à-dire qu'à chaque fois qu'il est informé de l'incapacité temporaire de travail d'un de ses assurés, il doit doter une provision d'incapacité ainsi qu'une provision dite de « passage en invalidité », destinées à assurer le paiement des prestations jusqu'à leur terme, y compris en cas d'aggravation de l'état de santé de l'assuré. En effet, en cas de résiliation du contrat, l'organisme assureur ne perçoit plus de cotisations qui, normalement, lui servent à financer le coût des prestations. Il fallait donc lui imposer ce provisionnement.

En conséquence, lorsque ses obligations augmentent, ses provisions doivent être majorées d'autant. Lorsque le législateur a, en 2010, reculé l'âge légal de la retraite de deux ans (de 60 à 62 ans), il a majoré d'autant la durée théorique de l'engagement de prestations des organismes assureurs et donc mécaniquement alourdi leurs obligations de provisionnement. Aussi, afin d'atténuer les conséquences de ce texte sur les comptes des organismes assureurs, le législateur les a autorisés à étaler, à compter de l'exercice 2010, sur une période maximale de six ans, le provisionnement supplémentaire qui résulte de l'allongement des carrières professionnelles. Parallèlement, il a institué un droit pour les organismes assureurs dont le contrat de prévoyance est résilié durant cette période, de demander à son souscripteur le versement d'une indemnité de résiliation égale à la différence entre les provisions déjà constituées et celles restant à constituer. Cependant, cette indemnité n'est pas due si d'une part, l'organisme assureur résilié ne maintient pas le versement des prestations d'incapacité ou d'invalidité dont le fait générateur est antérieur à la résiliation, et/ou d'autre part, la couverture décès alors que, dans le cadre du contrat « de substitution », le nouvel organisme assureur :

- assume la prise en charge de la totalité des prestations incapacité et invalidité acquises ou nées immédiates ou différées à la date de la résiliation (et non pas seulement celles dues entre 60 et 62 ans) ;

- et/ou couvre le maintien des garanties décès pour les salariés pendant toute la période d'arrêt de travail ou d'invalidité (et non pas seulement entre 60 et 62 ans).

IMPORTANT

L'existence de cette indemnité, exigible jusqu'en 2015, doit être prise en compte pour toute décision de résiliation d'un contrat de prévoyance

5. Rupture du contrat de travail et ses conséquences

La loi puis la jurisprudence ont édicté des règles en vue de la protection des salariés dont le contrat de travail est rompu.

5.1. Maintien des garanties frais de santé

Ayant constaté que les salariés dont le contrat de travail était rompu, notamment ceux partant en retraite, perdaient la couverture frais de santé collective dont ils bénéficiaient dans leur entreprise, et rencontraient des difficultés à souscrire des garanties individuelles, ou se voyaient appliquer des tarifs élevés, du fait de leur âge et de la nature individuelle de leur nouvelle couverture, le législateur a institué un maintien de couverture dans des conditions favorables.

Le contrat d'assurance frais de santé institué dans une entreprise en application d'un accord collectif ou référendaire ou d'une décision unilatérale de l'employeur, doit prévoir les conditions dans lesquelles l'organisme assureur maintient la couverture aux salariés dont le contrat de travail est rompu et qui bénéficient d'un revenu de remplacement (retraite, pension d'invalidité ou allocations chômage). Le maintien s'effectue sans condition de durée, moyennant application d'un tarif qui ne peut excéder 150 % du tarif applicable aux salariés « actifs ». Pour le calcul de ce plafonnement tarifaire, on ajoute la part patronale et la part salariale des cotisations. Bien que le texte ne le mentionne pas, il apparaît évident qu's'agit de la cotisation ou prime nette de taxes et de contributions.

Le salarié doit en faire la demande dans les six mois qui suivent la rupture de son contrat de travail ou de la fin de ses droits à portabilité.

Les ayants droit (i.e. les personnes qui bénéficiaient de la couverture du fait de l'adhésion du salarié) d'un salarié décédé bénéficient du même droit pendant une période minimale de douze mois. Ils doivent en faire la demande dans les six mois qui suivent le décès du salarié.

Dans les deux cas, selon la jurisprudence, les garanties maintenues doivent être les mêmes que celles dont l'ancien salarié bénéficiait au titre de son contrat de travail.

Cette obligation pèse sur le seul organisme assureur, et se concrétise par un nouveau contrat ou une nouvelle convention auquel l'ancien salarié doit adhérer.

Ce peut être un contrat individuel ou un contrat collectif. Dans ce dernier cas, il peut être souscrit par l'employeur ou une association d'anciens salariés de l'entreprise ou de l'ensemble des salariés couverts par l'organisme assureur.

Mais l'employeur doit veiller à ce que ce droit soit mentionné dans la notice d'information établie par l'organisme assureur et remise par l'employeur aux salariés. Mais en outre, pour que les salariés et, le cas échéant leurs ayants droit, puissent exercer ce droit, l'organisme assureur doit les en informer dans les deux mois qui suivent l'événement qui lui a donné naissance.

5.2. Maintien des garanties prévoyance

Alors même que la loi ne prévoit rien, la jurisprudence considère que la rupture du contrat de travail ne peut mettre un terme aux prestations d'arrêt de travail ou d'invalidité dont le droit est né avant la rupture du contrat de travail du salarié, que le contrat d'assurance soit, ou non, résilié.

IDÉES-CLÉS

- Il existe trois familles d'organismes assureurs dont le fonctionnement est similaire, mais pas encore identique. L'employeur doit vérifier le contenu du contrat d'assurance.
- L'employeur et les salariés doivent veiller à bien répondre aux questionnaires établis par l'organisme assureur, par lesquels il apprécie le risque à assurer. À défaut l'employeur engage sa responsabilité contractuelle et le salarié peut voir sa couverture annulée.
- L'organisme assureur émet une notice d'information que l'employeur doit remettre à chaque salarié. Il doit, le cas échéant prouver qu'il a satisfait à cette obligation.
- L'employeur et les salariés doivent agir dans un délai de deux ans pour faire valoir leurs droits à prestations auprès de l'organisme assureur.
- La « loi Evin » permet d'éviter que la résiliation du contrat d'assurance ou la rupture du contrat de travail porte atteinte à la pérennité de la couverture et des prestations en cours de service. ■

Information et conseil

Au-delà des obligations légales consistant pour l'organisme assureur à établir une notice d'information et à la remettre à l'employeur, et pour ce dernier à la transmettre à ses salariés, la jurisprudence met à leur charge un véritable devoir de conseil.

De même, le législateur fait peser sur les organismes assureurs des obligations d'information de plus en plus étendues.

1. Obligations de l'employeur

1.1. Obligations de l'employeur vis-à-vis des salariés

Le Code du travail impose à l'employeur d'informer ses salariés sur les textes conventionnels applicables, par la remise d'une notice lors de leur embauche. En outre, les textes conventionnels doivent être mis à disposition des salariés, le cas échéant sur le site intranet de l'entreprise. Une information est également due par l'employeur aux institutions représentatives du personnel, aux délégués du personnel, aux délégués syndicaux et salariés mandatés.

Au-delà de ces obligations générales, la protection sociale complémentaire génère, au profit des salariés, un droit spécifique d'information qui se concrétise par la remise, par l'employeur, d'une notice établie par l'organisme assureur des garanties.

En outre, la Cour de cassation considère, de manière constante, que l'employeur est tenu à leur égard, par une obligation de conseil, portant sur la nature et l'étendue des garanties, ou encore leurs modalités de mise en œuvre. Il doit délivrer cette information en temps utile.

▶ Modalités de la remise de la notice d'information

Les textes sont muets sur les conditions dans lesquelles l'employeur doit remettre la notice d'information aux salariés. Les modalités sont donc libres, mais il doit conserver la preuve de cette remise en cas de litige. En effet, l'opposabilité aux salariés des conditions de mise en œuvre de la garantie et des restrictions applicables à l'attribution des prestations est subordonnée à cette information préalable. Si l'organisme assureur a communiqué la notice à l'employeur alors que ce dernier ne l'a pas remise aux salariés, elles trouveront application dans les relations assureur-assurés, mais ces derniers pourront engager la responsabilité de l'employeur, pour non-respect de son obligation légale d'information.

La notice doit nécessairement être remise aux salariés, ce qui exclut qu'elle soit seulement mise à leur disposition, notamment sur le site intranet de l'entreprise. La délivrance peut être réalisée sur un support papier ou électronique. En effet, le droit français donne à l'écrit électronique la même valeur juridique que l'écrit sur support papier. Il faudra néanmoins que le procédé utilisé permette à l'employeur de prouver que chaque salarié en soit personnellement destinataire et de prouver, le cas échéant, qu'il l'a bien reçue. Comme pour l'écrit sur support papier, la remise doit, en effet, être faite individuellement.

La jurisprudence donne de rares exemples de modes de communication valables. Ainsi, la Cour de cassation a considéré que l'employeur qui fait figurer dans un avenant au contrat de travail, une information sur l'existence d'un contrat de prévoyance et sur la remise d'une notice d'information établit avoir procédé à l'information requise.

▶ Devoir de conseil

Au-delà de la remise de la notice d'information, la Cour de cassation met à la charge de l'employeur, souscripteur d'une assurance de groupe, une obligation générale d'information des salariés sur l'étendue de la couverture sociale souscrite, et un devoir de renseignement et de conseil sur les modalités d'application du régime. De même, lors de la conclusion d'un contrat de travail prévoyant l'adhésion à un contrat d'assurance-groupe, l'employeur a le devoir d'informer avec précision le salarié de l'étendue de la couverture sociale résultant de cette assurance, afin qu'il ait connaissance des différences de garanties par rapport à celle dont il bénéficiait dans le cadre de son précédent emploi.

Cette information doit être complète et continue, notamment en cas de modification des garanties. Ainsi, le fait pour un salarié d'être informé de manière incomplète et tardive de la modification défavorable pour lui des garanties souscrites, le prive de la possibilité de souscrire un contrat d'assurance complémentaire pour pallier cette perte. Cette carence est constitutive d'une faute de l'employeur, génératrice d'un préjudice pour l'intéressé, qu'il doit réparer.

IMPORTANT

L'employeur qui n'informe pas très précisément ses salariés sur leurs droits et obligations résultant du contrat d'assurance, est responsable des conséquences qui s'attachent à une information inexacte ayant induit les assurés en erreur sur la nature, l'étendue ou le point de départ de leurs droits.

Cette exigence a une double justification.

En effet, en souscrivant des garanties pour leur compte, l'employeur prive ses salariés de la faculté de négocier leur couverture et de participer à sa construction. Il est donc normal qu'il les assiste dans la connaissance du dispositif auquel ils sont tenus d'adhérer.

Par ailleurs, en tant qu'employeur, il est tenu d'exécuter le contrat de travail avec bonne foi et loyauté. En n'informant pas suffisamment ses salariés sur les droits et obligations qu'ils tirent du contrat d'assurance, il ne les met pas en situation de pouvoir en bénéficier.

Il doit également prendre garde à l'accomplissement par ses salariés, des formalités d'adhésion. Ainsi, un employeur a été condamné à indemniser la concubine et l'enfant d'un de ses salariés décédé, pour n'avoir pas permis à celui-ci de procéder valablement à leur désignation en qualité de bénéficiaires des prestations décès prévues par le contrat de prévoyance qu'il avait souscrit. Les juges ont considéré qu'il aurait dû informer le salarié du caractère imparfait de cette désignation afin de lui permettre de la régulariser. Ne l'ayant pas fait, il a commis une faute qu'il a été condamné à réparer, correspondant au préjudice résultant du fait que le capital-décès n'avait pu leur être versé.

Cependant, l'employeur souscripteur d'un contrat d'assurance ne peut être tenu au paiement des prestations dont le versement incombe à l'assureur seul. Mais le salarié, ou ses ayants droit, victimes du non-respect de ses obligations, peuvent demander sa condamnation au paiement de dommages et intérêts pour manquement au devoir d'information auquel il est tenu. Bien évidemment, l'intéressé doit établir que le manquement de l'employeur lui a causé un préjudice ouvrant droit à réparation. Tel est le cas du défaut d'information sur l'existence d'une exclusion de risques, constitutif d'une perte de chance de souscrire une garantie complémentaire couvrant le risque exclu, qui génère un préjudice en relation de causalité directe et certaine avec cette faute.

L'obligation de l'employeur est générale et absolue. Le fait que le salarié ait participé activement à la négociation sur les modifications d'un régime de prévoyance applicable dans l'entreprise dont il était un des dirigeants, ne permet pas d'atténuer la responsabilité de l'employeur qui n'a pas remis la notice d'information modificative.

Enfin, s'il est tenu de procéder aux déclarations de sinistres auprès de l'organisme assureur, afin que les salariés perçoivent les prestations au titre du contrat souscrit, l'employeur ne l'est plus après la rupture de leur contrat de travail.

Les dommages et intérêts dus par l'employeur ne sont toutefois pas équivalents aux prestations dont le salarié est privé. En effet, la Cour de cassation a jugé que la réparation d'une perte de chance doit être mesurée à la chance perdue et ne peut être égale à l'avantage qu'aurait procuré cette chance, si elle s'était réalisée

En outre, l'employeur a, vis-à-vis de l'organisme assureur, des obligations déclaratives.

1.2. Obligations de l'employeur vis-à-vis de l'organisme assureur

Afin de donner une effectivité aux droits des salariés au maintien de leurs couvertures en cas de rupture de leur contrat de travail, que ce soit au titre de la « portabilité » ou de l'article 4 de la « loi Evin », l'employeur doit déclarer à l'organisme assureur les départs de ses salariés de l'entreprise, que ce soit pour cause de rupture de leur contrat de travail ou en raison de leur décès.

En application de l'article 4 de la loi n° 89-1009 du 31 décembre 1989, les organismes assureurs doivent maintenir la couverture frais de santé :

- aux salariés dont le contrat de travail est rompu, et qui perçoivent un revenu de remplacement, sans condition de durée (retraités, invalides, chômeurs) ;

- aux ayants droit d'un salarié décédé pendant une période minimale de 12 mois.

L'intéressé doit en faire la demande dans les six mois suivant la rupture du contrat de travail ou le terme de leur droit à portabilité ou, s'agissant des ayants droit, le décès du salarié duquel ils tirent leur droit. Par principe, la notice d'information établie par l'organisme assureur mentionne ce droit. Cependant, ce droit peut rester théorique, si le salarié ou ses ayants droit n'en ont pas connaissance, compte tenu du délai qui a pu s'écouler entre la remise de ce document et l'ouverture de leur droit.

Aussi, la loi de sécurisation de l'emploi a introduit de nouvelles obligations d'échanges d'informations entre l'employeur et l'organisme assureur, applicables à compter du 1er janvier 2014 :
- l'employeur doit informer l'organisme assureur du départ ou du décès d'un de ses salariés, afin que celui-ci adresse au salarié ou à ses ayants droit la proposition de maintien de la couverture dans le délai de deux mois à compter du départ ou du décès,
- l'organisme assureur doit informer les salariés dont le contrat de travail est rompu de leur droit au maintien de la couverture, dans les deux mois qui suivent leur départ.

2. Obligations de l'organisme assureur

L'organisme assureur a des obligations envers les salariés et l'employeur.

2.1. Obligations de l'organisme assureur vis-à-vis des salariés

▶ Émission d'une notice d'information

La notice d'information que doit établir l'organisme assureur doit reprendre les dispositions essentielles du contrat d'assurance souscrit par l'employeur, de nature à informer les salariés sur leurs droits et obligations, ainsi que les conditions et formalités à remplir pour faire valoir leurs droits à prestations.

Lorsque la notice d'information établie par l'assureur et remise par le souscripteur à un adhérent d'une assurance de groupe, ne mentionne pas certaines exclusions, limitations ou restriction contenues dans le contrat, elles ne sont pas opposables à l'assuré.

Les Codes des assurances et de la Sécurité sociale imposent également que les clauses relatives aux exclusions et à la prescription soient rédigées en caractères très apparents. À défaut, l'organisme assureur ne peut les faire valoir à l'encontre de l'assuré ou des bénéficiaires.

▶ Information sur les frais de gestion

Dans le cadre du « cahier des charges du contrat responsable », les organismes assureurs sont tenus d'informer annuellement les souscripteurs ou les assurés sur les frais de gestion appliqués au contrat.

▶ Publicité et information sur les conditions de remboursement

La loi n° 2014-344 du 17 mars 2014 relative à la consommation, dite « loi Hamon » impose aux organismes assureurs de préciser, dans leurs documents publicitaires et de communication relatifs aux garanties « frais de santé » aux « non-consommateurs » (que sont en matière de protection sociale complémentaire, les employeurs et les salariés) les conditions de remboursement, chiffrées en euros, des frais de soins parmi les plus courants ou parmi ceux les moins bien remboursés par la sécurité sociale. Cette obligation devrait permettre de rendre les garanties plus lisibles. Un arrêté précisera l'étendue de cette obligation. Jusqu'à sa publication, elle ne peut être appliquée.

2.2. Obligations de l'organisme assureur vis-à-vis de l'employeur : rapport « loi Evin »

Chaque année, l'organisme assureur a l'obligation d'adresser avant le 31 août, un rapport sur les comptes du contrat. Un décret fixe le contenu de ce document :

a) Le montant des cotisations ou primes brutes de réassurance ;

b) Le montant des prestations payées, brutes de réassurance ;

c) Le montant des provisions techniques brutes de réassurance le 1er janvier et le 31 décembre de l'exercice considéré ;

d) La quote-part :
- des produits financiers nets ;
- des commissions ;
- des autres charges ;
- des participations aux résultats ;
- du résultat de la réassurance ;

e) Le nombre de salariés garantis

En outre, désormais, il est probable que ce rapport contiendra des informations sur les frais d'acquisition et de gestion du contrat, ce qui permettra à l'organisme assureur de s'exonérer de la communication individuelle de ces informations aux salariés adhérents.

3. Partage des responsabilités

Les obligations de l'employeur et de l'organisme assureur sont tellement imbriquées et interdépendantes, que leur responsabilité conjointe peut être reconnue, en cas d'insuffisance dans l'information délivrée aux salariés.

C'est, en principe, l'organisme assureur tenu par la loi d'établir une notice d'information, qui est responsable de la conformité de son contenu avec les termes du contrat.

Ainsi, il a été jugé que l'employeur ne peut être condamné solidairement avec l'organisme assureur que si celui-ci avait effectivement rédigé une telle notice et la lui avait adressée afin qu'il la remette à ses salariés.

3.1. Partage de responsabilités intermédiaire d'assurance/souscripteur

Lorsqu'un intermédiaire intervient dans la mise en place et/ou le suivi du contrat d'assurance, il peut, en tant que professionnel, être responsable en cas d'insuffisance des conseils délivrés.

L'intermédiaire d'assurance est tenu, vis-à-vis du souscripteur d'un contrat d'assurance de groupe, d'une obligation d'information et de conseil. Mais, lorsque le souscripteur exerce une activité juridique (mandataire judiciaire, par exemple) et est assisté d'un professionnel du droit, il ne peut être reproché au courtier de ne pas l'avoir informé de l'existence d'une prescription abrégée, rappelée expressément dans le contrat d'assurance, ni des procédés à mettre en œuvre pour l'interrompre, dans la mesure où il disposait des compétences nécessaires.

De même, dans la mesure où le courtier d'assurance n'était tenu ni de s'assurer de la conformité de la notice établie par l'assureur au contrat d'assurance en ce qui concerne les clauses d'exclusion, ni de vérifier que le souscripteur l'avait effectivement remise à l'adhérent, il doit être mis hors de cause.

3.2. Partage de responsabilités organisme assureur/employeur en matière de conseil

Lorsque l'employeur est tenu de mettre en place des garanties en application d'une convention collective, l'accompagnement de l'organisme assureur peut s'avérer précieux pour que les garanties mises en place soient conformes au système défini par les partenaires sociaux, notamment en ce qui concerne le niveau des prestations.

Aussi, lorsqu'il a été informé du cadre juridique des garanties, la responsabilité de l'organisme assureur peut être retenue, pour n'avoir pas délivré à l'employeur, un contrat conforme à ses obligations.

Sa faute, dans le cadre de l'obligation de conseil qui pèse sur lui et le montant des dommages et intérêts au paiement duquel il peut être condamné, dépendent fortement de la qualité de l'employeur et des connaissances qu'il est susceptible d'avoir, compte tenu de son activité. Ainsi, il a été jugé qu'un cabinet d'expertise comptable n'était pas recevable à demander la mise en cause de la responsabilité de l'organisme assureur, puisqu'il était parfaitement à même d'analyser le contrat souscrit et de vérifier sa conformité éventuelle avec la convention collective à laquelle il était soumis. Les juges ont conclu que l'assureur n'avait pas, à son égard, l'obligation particulière d'attirer son attention sur le fait que le contrat souscrit ne comportait pas toutes les garanties prévues par la convention collective, ni de vérifier plus avant l'adéquation des garanties souscrites aux exigences et besoins du souscripteur.

Enfin, le préposé d'un organisme assureur qui donne une réponse erronée à l'assuré qui lui demandait des précisions sur l'étendue de la garantie accordée par le contrat, engage la responsabilité de son employeur pour manquement à son obligation de renseignement et de conseil.

IMPORTANT

La répartition des responsabilités entre les deux signataires du contrat d'assurance de groupe semble établie.

L'organisme assureur, tenu de rédiger la notice d'information et de la remettre à l'employeur, est responsable de son contenu. S'il manque des mentions, il ne peut l'opposer aux salariés-assurés. Il est également débiteur envers l'employeur d'un devoir de conseil, dont l'étendue s'apprécie en fonction des compétences de ce dernier, liées à son activité professionnelle.

L'employeur, souscripteur du contrat d'assurance, est tenu de remettre la notice d'information à ses salariés. En outre, il doit les informer sur la nature et l'étendue des garanties et leur fonctionnement. Il doit assister ses salariés dans la mise en œuvre du contrat.

Dans de rares décisions, ce schéma peut être remis en cause. Ainsi, un employeur a été condamné à indemniser un salarié du préjudice lié à l'absence de mention dans la notice d'information établie par l'organisme assureur, du droit au maintien des garanties frais de santé en cas de rupture de son contrat de travail. Là encore, la nature de l'activité de l'employeur (avocat), générant une connaissance implicite de l'environnement juridique de l'opération d'assurance, a dû conduire à la solution retenue.

IDÉES-CLÉS

- L'organisme assureur doit communiquer à l'employeur une notice d'information qui doit être remise aux salariés.
- Au-delà de la remise de cette notice d'information, l'employeur a une obligation d'information et de conseil vis-à-vis des salariés assurés, sur l'étendue de leurs garanties et les modalités de leur mise en vigueur.
- Les salariés peuvent invoquer la responsabilité de l'employeur s'il ne les a pas informés de manière suffisante sur les modifications apportées à leurs garanties.
- L'organisme assureur doit remettre chaque année à l'employeur un compte de résultats sur les comptes du contrat. Ce document tient lieu de communication des frais de gestion du contrat.
- Lorsqu'un intermédiaire intervient dans la mise en place et le suivi des garanties, les responsabilités peuvent être partagées. ■

Traitement social et fiscal du financement et des prestations de prévoyance

1. Fiscalité des régimes de prévoyance

1.1. Fiscalité de l'entreprise

L'entreprise peut déduire de ses bénéfices soumis à l'impôt sur les sociétés le financement de régimes de prévoyance complémentaire en tant que charges de personnel, sous réserve que ce financement réponde à trois conditions cumulatives issues du Code général des impôts (article 39-1 1°), de la jurisprudence administrative et de la doctrine fiscale.

Tout d'abord, les cotisations doivent être versées dans l'intérêt de l'entreprise, ce qui suppose qu'elles soient versées conformément à un engagement juridiquement opposable, et qu'elles financent un régime bénéficiant à une catégorie objectivement définie de salariés.

L'avantage doit ensuite correspondre à un travail effectif et ne doit pas être excessif eu égard à l'importance du service rendu.

Enfin l'entreprise doit perdre la libre disposition de ce financement.

▶ Notions d'engagement dans l'intérêt de l'entreprise et de catégorie objective

Dans un arrêt « Ministre du budget c/SA Laboratoires Nicholas » de 1990, le Conseil d'État a considéré que les pensions versées par les entreprises au titre d'un régime de retraite supplémentaire doivent être regardées comme exposées **dans l'intérêt de l'entreprise**, alors même que ce régime a été institué par l'employeur lui-même, à la condition que ledit régime s'applique de plein droit à l'ensemble du personnel salarié ou à certaines catégories de celui-ci.

Dans une réponse de 2000, le ministre de l'Économie, des Finances et de l'Industrie rappelle que, conformément à cette jurisprudence du Conseil d'État, la déduction des cotisations de retraite supplémentaire de l'assiette de l'impôt sur les bénéfices, suppose notamment que le régime, s'il ne s'applique pas à l'ensemble du personnel de l'entreprise, bénéficie de façon générale et impersonnelle à des **catégories de salariés objectivement définies**. À cet égard, le ministre a précisé qu'il est possible de retenir des catégories autres que celles retenues pour l'application de la législation du travail (ouvriers, employés, agents de maîtrise, ingénieurs et cadres), sous réserve que ces catégories soient déterminées selon des critères objectifs, non restrictifs, définis par référence aux usages et aux accords collectifs en vigueur dans la profession. À cette occasion, le ministre a précisé que tel n'est pas, a priori, le cas d'un ensemble de salariés dont la seule caractéristique commune au sein d'une société serait d'avoir fait l'objet d'une mutation en provenance d'une autre société du même groupe. Au demeurant, les intéressés ont vocation à bénéficier du régime collectif de retraite supplémentaire qui, le cas échéant, et s'ils en remplissent les conditions d'affiliation, est en vigueur dans leur nouvelle entreprise.

Même si cette jurisprudence et cette doctrine visent les régimes de retraite supplémentaire, elles sont transposables aux régimes de prévoyance complémentaire.

IMPORTANT

La notion de catégorie objective de personnel conditionne également le traitement fiscal de faveur au regard de l'impôt sur le revenu. De même, cette notion a été reprise pour fonder les règles d'exonération du financement patronal d'un régime de prévoyance aux cotisations de sécurité sociale. L'administration de la sécurité sociale a toutefois été plus loin que la doctrine fiscale sur la notion de catégorie objective.

▶ Notion d'avantage proportionnel au service rendu à l'entreprise

La déductibilité du financement d'un régime de protection sociale complémentaire suppose également que l'octroi de l'avantage ne soit pas excessif eu égard à la durée et à la nature des services rendus à l'entreprise.

Il est vrai que la jurisprudence rendue sur cette condition concerne principalement l'octroi d'avantages de retraite supplémentaire, au regard de l'importance du montant de pension garanti ou octroyé lors du départ à la retraite. Cette question peut apparaître plus secondaire au regard des régimes de prévoyance complémentaire dans la mesure où les prestations de prévoyance sont, par définition, limitées par le principe indemnitaire (le salarié malade ne pouvant percevoir plus que les dépenses réellement réalisées ou plus que s'il avait travaillé). C'est pourquoi elles sont généralement calculées sur le montant de la rémunération des salariés.

▶ Notion de perte de la libre disposition des sommes

Les primes d'assurance finançant un régime de prévoyance complémentaire peuvent être déduites de l'assiette de l'impôt sur les sociétés sous réserve notamment que les primes versées aux organismes assureurs traduisent une diminution de l'actif net de l'entreprise.

Pour que cette condition soit remplie, il faut que l'entreprise ne conserve ni la propriété, ni la libre disposition des primes versées. Or cette condition doit en principe se traduire par l'impossibilité, pour le souscripteur, de récupérer les sommes versées à l'assureur.

Par exception, la jurisprudence considère que la condition de déductibilité liée à la perte de la libre disposition des cotisations ne s'oppose pas à la restitution par l'organisme assureur au souscripteur lorsque son engagement a disparu, sous réserve que cette restitution soit réintégrée dans les résultats de l'exercice concerné.

Ainsi, selon cette jurisprudence, la restitution des fonds est possible dès lors que l'entreprise est dégagée de toute obligation vis-à-vis des bénéficiaires potentiels du dispositif. Cette situation peut viser la dénonciation du régime, ou la disparition de la cause de l'engagement de l'employeur.

Dans l'hypothèse du retour de fonds au souscripteur, les primes ne perdent pas leur caractère de charges d'exploitation déductibles. En revanche, l'entreprise doit réintégrer le montant des fonds qui lui sont restitués dans le résultat imposable de l'exercice au cours duquel intervient le reversement.

CONSEIL

Pour éviter toute difficulté lors de la résiliation du contrat d'assurance, il est opportun de prévoir, dans ce contrat, la restitution des

sommes qui figureraient le cas échéant sur le compte de résultats du régime en cas de disparition de l'engagement de l'entreprise.

En matière de prévoyance, les provisions constituées par l'organisme assureur ne sont pas restituables, à l'exception, si le contrat le prévoit, des provisions d'égalisation.

1.2. Fiscalité du salarié

▶ Cotisations

• Principes

L'impôt est dû par le contribuable, chaque année, à raison des revenus dont il a disposés au cours de la même année. Pour le calcul de l'impôt, sont additionnés les revenus nets catégoriels, parmi lesquels figurent les « traitement, salaire, pension et rentes viagères ». Au titre de cette catégorie, le financement patronal d'un régime de prévoyance complémentaire doit, par principe, être soumis à impôt sur le revenu en tant qu'élément de salaire.

Toutefois, par exception, sous certaines conditions et dans certaines limites, le financement patronal d'un régime de prévoyance « incapacité, invalidité, décès » est exonéré d'impôt sur le revenu et la participation du salarié à ce régime ou à un régime « frais de santé » est déductible du revenu imposable.

C'est la loi dite « Fillon » du 21 août 2003 (JO 22 août) qui a modifié en profondeur le système fiscal applicable aux régimes de protection sociale complémentaire.

Le 1° quater de l'article 83 du Code général des impôts autorisait ainsi la déduction, sous plafond, des cotisations ou primes versées aux régimes de prévoyance complémentaire mis en place dans l'entreprise, dans les conditions prévues à l'article L. 911-1 du Code de la Sécurité sociale auxquels le salarié est affilié à titre obligatoire.

Depuis la loi de finances pour 2014, les cotisations prises en charge par l'employeur dans le cadre d'un régime de remboursement de frais de santé ne bénéficient plus du traitement fiscal de faveur. Leur montant doit donc être ajouté à la rémunération prise en compte pour la détermination des bases de l'impôt sur le revenu au titre des exercices 2013 et suivants. Cette remise en cause s'est inscrite dans le cadre de la généralisation de la couverture « frais de santé » fixée par la loi de sécurisation de l'emploi du 14 juin 2013. L'exposé des motifs du projet de loi mettait notamment en avant le fait que le montant de l'avantage fiscal pour le bénéficiaire pouvait s'avérer équivalent voire supérieur à celui consacré à un bénéficiaire de l'aide à l'acquisition d'une complémentaire santé vivant sous le seuil de pauvreté.

Seules les cotisations prises en charge par l'employeur dans le cadre d'un régime de prévoyance « incapacité, invalidité, décès » peuvent donc désormais être exonérées d'impôt sur le revenu. Les cotisations acquittées par le salarié au titre d'un régime « frais de santé » restent en revanche déductibles du revenu imposable.

IMPORTANT

L'administration fiscale considère désormais que la contribution du comité d'entreprise au régime de remboursement de frais de santé doit également être réintégrée dans le revenu imposable du salarié.

Aussi, depuis la loi de finance de 2014, les conditions de bénéfice des avantages fiscaux inchangés (exonération de la participation patronale au régime de prévoyance « incapacité, invalidité, décès » et déductibilité des cotisations salariales) sont désormais identiques à celles prévues pour l'exonération du financement patronal des cotisations de sécurité sociale. Les régimes mis en place doivent notamment présenter un caractère collectif et obligatoire.

- **Plafonds de déductibilité**

Les cotisations ou les primes sont déductibles dans la limite d'un montant égal à la somme de 5 % du montant annuel du plafond de la sécurité sociale et de 2 % de la rémunération annuelle brute, sans que le total ainsi obtenu puisse excéder 2 % de huit fois le montant annuel du plafond de la sécurité sociale. En cas d'excédent, celui-ci est ajouté à la rémunération. Ces plafonds ont été diminués à l'occasion de la loi de finances pour 2014.

- **Salariés impatriés**

Les cotisations que les salariés « impatriés », rattachés au régime de sécurité sociale français, continuent de verser aux régimes de prévoyance complémentaire auxquels ils étaient affiliés dans un autre Etat avant leur prise de fonctions en France sont déductibles du montant imposable de leurs traitements et salaires, dans la limite prévue au 1° quater de l'article 83 du Code général des impôts.

Les salariés impatriés ont la possibilité de déduire les cotisations aux régimes de prévoyance et de retraite concernés jusqu'au 31 décembre de la cinquième année suivant celle de leur prise de fonctions en France, dans certaines limites qui tiennent compte des versements de l'employeur.

• Obligations déclaratives

L'employeur qui verse des traitements et salaires imposables est tenu au dépôt de la déclaration annuelle des données sociales (DADS) dans le courant du mois de janvier de l'année qui suit celle du paiement de ces revenus. Figure notamment le montant total constitué des cotisations et primes versées par le salarié et l'employeur à un régime de prévoyance d'entreprise et déductibles de la rémunération imposable ou non rapportées à cette rémunération, selon qu'il s'agit de cotisations salariales ou patronales.

Dans le courant du mois de janvier suivant l'année au titre de laquelle les rémunérations ont été versées, l'employeur doit également indiquer annuellement aux salariés le détail de ces cotisations et primes.

▶ Prestations

• Indemnités journalières complémentaires (IJC) et rentes d'invalidité

Par principe, pour la détermination des bases d'imposition, il est tenu compte du montant net des traitements, indemnités et émoluments, salaires, pensions et rentes viagères, ainsi que de tous les avantages en argent ou en nature accordés aux intéressés en sus des traitements, indemnités, émoluments, salaires, pensions et rentes viagères proprement dits (CGI, art. 82).

Sur la base de ce principe, les prestations versées dans le cadre d'un régime de prévoyance (IJC et rentes d'invalidité) sont soumises à impôt sur le revenu.

Toutefois, lorsque l'employeur externalise son engagement, l'administration fiscale, afin d'éviter une double imposition (au stade du financement par l'employeur puis du versement de la prestation), procède à une distinction selon que la prestation résulte d'un contrat d'assurance de groupe à adhésion obligatoire ou facultative.

Dans le cas d'un contrat de groupe à adhésion obligatoire, les prestations sont imposables à l'impôt sur le revenu dans la catégorie des traitements et salaire (ou des pensions si elles sont versées après la rupture du contrat de travail) compte tenu du fait que le financement patronal n'a pas été soumis à impôt et que le financement salarial a été déduit, conformément aux règles de l'article 83, 1° quater du Code général des impôts.

Dans le cas d'un contrat de groupe à adhésion facultative, les prestations sont exclues du champ d'application de l'impôt sur le revenu. En effet, dans cette hypothèse, le financement patronal a été soumis à l'impôt et les primes supportées par le salarié n'ont pas été déduites de ses revenus imposables.

• Prestations décès

Il n'existe pas de disposition législative ou réglementaire afférente à l'assujettissement à l'impôt sur le revenu, d'un capital-décès ou de rentes d'éducation/de conjoint.

La jurisprudence a considéré qu'un capital-décès versé au titre d'un contrat d'assurance de groupe devait être inclus dans l'assiette de l'impôt de solidarité sur la fortune. Même s'il n'existe pas de jurisprudence similaire en matière d'impôt sur le revenu, il est possible de considérer que cette décision constitue le « premier pas » de la fiscalisation des capitaux-décès.

CONSEIL

Une position prudente au regard de cette jurisprudence consiste à intégrer le capital-décès dans le revenu imposable.

Néanmoins, s'agissant des rentes d'éducation et de conjoint, il pourrait être fait application de la distinction opérée par l'administration fiscale s'agissant des rentes d'invalidité.

1.3. Taxe sur les conventions d'assurance

Par principe, toute convention d'assurance conclue avec une société ou une compagnie d'assurances ou avec tout autre assureur français ou étranger est soumise à la taxe sur les conventions d'assurance, quel que soit le lieu où elle ou a été conclue (CGI, art. 991). Les conventions d'assurance sont soumises à une taxe dont le taux, sauf taux spécifiques, est fixé à 9 % (CGI, art. 1001).

La loi prévoit toutefois des cas d'exonération ou de minoration du montant de la taxe qui intéressent la protection sociale complémentaire.

▶ Contrats d'assurance de groupe

Notamment, la loi exonère de la taxe sur les conventions d'assurance, sous certaines conditions, les contrats d'assurance de groupe sous réserve de répondre à un certain nombre de conditions (CGI, art. 998 1°).

En effet, les assurances de groupe doivent être souscrites dans le cadre professionnel, et notamment par une entreprise, un groupe d'entreprises ou par un groupement professionnel représentatif d'entreprises, ou par une organisation représentative d'une profession non salariée, ou par une organisation représentative d'agents de collectivités publiques.

De plus, ces assurances de groupe doivent donner lieu au paiement d'une prime ou d'une cotisation dont 80 % au moins du montant total sont affectés à des garanties liées à la durée de la vie humaine, à l'invalidité, à l'incapacité de travail ou au décès par accident, à l'exclusion des remboursements des frais médicaux, chirurgicaux, pharmaceutiques ou dentaires.

La loi réserve l'exonération de taxe aux assurances de groupe souscrites par les entreprises ou pour leur compte, c'est-à-dire par un groupe d'entreprises ou un groupement professionnel représentatif d'entreprises, constituant un moyen de satisfaire à une disposition prévue par une convention collective, un accord d'entreprise ou résultant du contrat de travail de l'ensemble ou d'un nombre significatif de salariés de l'entreprise.

Sont considérés comme résultant du contrat de travail d'un nombre significatif de salariés, les contrats d'assurance de groupe souscrits en faveur d'une ou plusieurs grandes catégories du personnel de l'entreprise, ouvriers, employés, agents de maîtrise, cadres, même si celles-ci ne comprennent qu'un nombre réduit de salariés. En revanche, un contrat souscrit au profit d'une sous-catégorie du personnel définie de façon restrictive, comme par exemple les cadres dirigeants de l'entreprise, ne saurait bénéficier de l'exonération.

La totalité des primes ou cotisations afférente aux contrats d'assurance de groupe qui remplit les conditions exposées ci-dessus est exonérée de la taxe spéciale, quel que soit l'organisme auprès duquel l'assurance est souscrite.

Ces conditions doivent être satisfaites, qu'il s'agisse d'assurance décès, d'assurance en cas de vie, d'assurance invalidité ou d'assurance en cas d'incapacité de travail.

En outre, afin d'encourager la souscription de contrats d'assurance couvrant le risque de dépendance, la loi exonère de la taxe sur les conventions d'assurance, les contrats d'assurance dépendance (CGI, art. 995, 14°).

IMPORTANT

Lorsque la garantie d'assurance dépendance est incluse dans un contrat qui couvre d'autres risques assujettis à la taxe sur les conventions d'assurance, l'exonération ne s'applique qu'à la fraction de la prime ou de la cotisation afférente au risque de dépendance. Cette ventilation est faite par les parties au contrat sous le contrôle de l'administration.

▶ Contrats « solidaires » et « responsables »

Les contrats d'assurance maladie sont, par principe, soumis à la taxe sur les conventions d'assurance au taux de 14 % depuis la loi de finances pour 2014.

Il s'agit des contrats individuels ou collectifs d'assurance maladie souscrits auprès des sociétés ou compagnies d'assurances, soit par des assurés sociaux pour compléter les remboursements effectués par leur régime de sécurité sociale (assurance maladie complémentaire), soit par des non-assurés sociaux (personnes expatriées, travailleurs frontaliers…).

Sont visées les garanties de remboursement des frais de santé et celle prévoyant le versement d'indemnités journalières complémentaires à celle de la sécurité sociale en cas d'arrêt de travail suite à maladie ou accident.

Les contrats d'assurance maladie solidaires et responsables sont toutefois soumis à un taux réduit de taxe de 7 % depuis la loi de finances rectificative pour 2011. Ils ont été auparavant exonérés puis soumis à un taux réduit de 3,5 %.

• Condition spécifique aux opérations individuelles et collectives à adhésion facultative relative à l'absence de questionnaire médical

En matière d'opérations individuelles et collectives à adhésion facultative, le bénéfice de la taxe sur les conventions d'assurance au taux réduit est soumis à la condition que l'organisme de couverture maladie ne recueille pas, auprès de l'assuré ou des personnes souhaitant bénéficier de la couverture, d'informations médicales. Dès lors, la seule présence d'un questionnaire médical utilisé lors de la conclusion du contrat d'assurance maladie rend le contrat, quelle que soit sa date de conclusion, non éligible au bénéfice du taux réduit.

Par ailleurs, pour conserver le bénéfice du taux réduit, le formulaire de déclaration de risque que l'organisme de couverture est susceptible de solliciter auprès de l'assuré ne peut porter sur l'état de santé de l'assuré. En revanche, l'organisme de couverture peut notamment recueillir des informations relatives à l'âge et à l'activité professionnelle de l'assuré.

- **Condition commune aux opérations individuelles et collectives à adhésion facultative et obligatoire relative à la tarification des primes ou cotisations**

Le bénéfice de la taxe sur les conventions d'assurance au taux réduit est soumis à la condition que l'organisme de couverture maladie ne fixe pas le montant des cotisations ou des primes en fonction de l'état de santé de l'assuré.

D'une manière plus générale, les informations médicales recueillies par l'organisme de couverture au moyen de supports autres qu'un questionnaire médical adossé au contrat d'assurance maladie (questionnaire médical afférent à un contrat d'assurance décès notamment) ne peuvent justifier pour le bénéfice du taux réduit, l'existence d'une surprime en raison de l'état de santé de l'assuré. Cependant, la modulation de la prime ou de la cotisation pour des motifs autres que l'état de santé de l'assuré (âge, lieu de résidence, revenus notamment) n'est pas de nature à écarter l'application du taux réduit.

La notion de contrat solidaire et responsable est également étudiée au regard du traitement social du financement patronal des régimes de prévoyance complémentaire.

2. Régime social de la prévoyance

2.1. Financement

Par principe, le financement patronal d'un régime de prévoyance complémentaire constitue un élément de rémunération alloué au salarié qui, en conséquence, devrait être assujetti à cotisations de sécurité sociale.

Cependant, par exception, en application de l'article L. 242-1 du Code de la Sécurité sociale modifié par la loi dite « Fillon » du 21 août 2003, le financement patronal d'un régime de prévoyance complémentaire bénéfice d'un traitement social de faveur, dans certaines limites, si certaines conditions sont réunies. Ainsi :

- le régime doit être mis en place par l'un des actes de droit du travail visés à l'article L. 911-1 du Code de la Sécurité sociale, à savoir : un accord collectif, un référendum ou encore une décision unilatérale de l'employeur constatée dans un écrit remis à chaque salarié ;

- le régime doit être collectif, à savoir qu'il doit concerner l'ensemble des salariés de l'entreprise ou une catégorie objectivement définie d'entre eux. Cela suppose également de fixer la contribution patronale à un taux ou à un montant uniforme à l'égard de tous les salariés appartenant à une même catégorie objective de personnel ;
- le régime doit être obligatoire pour tous les salariés, sous réserve de dispenses pouvant être mises en œuvre par l'employeur ;
- la participation de l'employeur ne doit pas se substituer à un autre élément de rémunération, à moins qu'un délai de douze mois ne se soit écoulé entre le dernier versement de l'élément de rémunération en tout ou partie supprimé et le premier versement des contributions concernées ;
- les prestations doivent être versées par un organisme habilité, à savoir, une entreprise d'assurance, une institution de prévoyance ou une mutuelle ;
- les contributions de l'employeur doivent être destinées au financement de prestations de prévoyance complémentaire ;
- les régimes de remboursement de « frais de santé » doivent en outre respecter le cahier des charges des contrats solidaires et responsables.

Seul le financement patronal d'un régime de prévoyance remplissant l'ensemble de ces conditions bénéficie d'un traitement social de faveur. Autrement dit, le financement patronal des régimes ne réunissant pas ces conditions doit être traité comme du salaire et être soumis à cotisations de sécurité sociale au premier euro.

En tout état de cause, le financement patronal est soumis, dans son intégralité, à CSG et à CRDS ainsi qu'au forfait social au taux dérogatoire de 8 %. Sont exonérées du forfait social les entreprises employant moins de 10 salariés.

! IMPORTANT

La loi de financement de la sécurité sociale pour 2012 a supprimé au 1er janvier 2012 la taxe prévoyance de 8 % due sur ces contributions patronales et l'a faite rentrer dans l'assiette du forfait social. Ainsi, ces contributions demeurent taxées à un taux de 8 % mais au titre du forfait social.

Les entreprises ont bénéficié d'une période transitoire pour se mettre en conformité au regard des nouvelles conditions posées par la loi « Fillon » du 21 août 2003. Cette période s'est achevée le 31 décembre 2008.

Les différentes conditions d'exonération ont été abondamment commentées par l'administration, et notamment par la Direction de la sécurité sociale dans les circulaires des 25 août 2005 et 21 juillet 2006 puis, la circulaire du 30 janvier 2009 qui a abrogé les précédentes.

Les conditions relatives au caractère collectif et obligatoire ont été précisées par un décret du 9 janvier 2012 et une nouvelle circulaire de la Direction de la sécurité sociale du 25 septembre 2013.

Le décret a instauré une période transitoire de mise en conformité s'achevant le 31 décembre 2013 pour les régimes bénéficiant, à la date de publication du décret (soit le 11 janvier 2012), des exonérations de cotisations de sécurité sociale en application des « anciennes règles ». Cette période transitoire a été prolongée par la circulaire précitée du 25 septembre 2013 au 30 juin 2014. En outre, les régimes institués avant l'entrée en vigueur du décret du 9 janvier 2012, mais qui en auraient anticipé les dispositions, sans être conformes à la circulaire du 30 janvier 2009, bénéficieront de l'exclusion d'assiette des cotisations sociales, y compris au titre de la période antérieure au décret.

Les entreprises qui se seront conformées au contenu de la circulaire du 25 septembre 2013 régulièrement publiée, pourront s'en prévaloir à l'encontre des Urssaf qui ont l'interdiction de procéder à un redressement sur la base d'une interprétation dissidente (art. L. 243-6-2 du Code de la Sécurité sociale).

▶ Condition liée à la formalisation du régime

• Formalisme à respecter

S'agissant du contenu de ces actes, ceux-ci doivent contenir, en matière de prévoyance complémentaire, les clauses obligatoires relatives aux modalités de réexamen de l'organisme assureur désigné dans l'acte (CSS, art. L. 912-2), et aux incidences du changement d'organisme assureur sur les rentes en cours de service (CSS, art. L. 912-3).

À noter que dans sa circulaire du 30 janvier 2009, la DSS précise que ces clauses sont requises à peine de nullité de l'acte.

Par ailleurs, en cas de contrôle Urssaf, l'administration précise que l'entreprise doit être en mesure de produire à l'inspecteur :

- si le régime a été mis en place par accord collectif : l'accord et le récépissé de dépôt à la Direccte ;
- si le régime a été mis en place par référendum : le projet d'accord proposé par le chef d'entreprise et le procès-verbal de ratification ;
- si le régime a été mis en place par décision unilatérale : une copie de l'écrit remis aux salariés et actant la décision unilatérale et tout document justifiant de la remise de cet écrit aux salariés (document joint au bulletin de paie, remise en main propre, envoi par courrier…).

IMPORTANT

Lorsque l'employeur n'est pas en mesure de prouver que la décision unilatérale a bien été constatée dans un écrit remis aux salariés, l'Urssaf peut considérer que la condition liée à la formalisation du régime n'est pas respectée et réintégrer en conséquence le montant du financement patronal dans l'assiette des cotisations de sécurité sociale.

• Régime d'établissement

L'administration a précisé que sauf à remettre en cause son caractère collectif, un accord d'entreprise ne peut exclure certains établissements du bénéfice des garanties mises en place.

Compte tenu des règles générales de négociation prévues par le Code du travail, l'administration confirme toutefois que rien ne s'oppose à ce qu'un système de garanties soit mis en place par accord d'établissement.

En revanche, la direction de la sécurité sociale a exclu implicitement le recours à la décision unilatérale ou à l'accord référendaire au niveau de l'établissement.

IMPORTANT

La mise en place ou la pérennisation d'un régime de prévoyance propre à un établissement ne peut être envisagée que par accord collectif d'établissement. À défaut, l'entreprise encourt un risque de redressement Urssaf.

▶ Condition liée au caractère collectif

À défaut de définition légale de la notion de « collectif », l'appréciation du respect de cette condition a soulevé beaucoup de difficultés en pratique.

La raison étant principalement liée au fait que l'administration n'a admis que certains critères de définition des catégories de bénéficiaires, et en a prohibé d'autres par principe.

Compte tenu des contentieux engagés sur la question du respect du caractère collectif (notamment au regard de l'absence de valeur juridique des circulaires administratives), la loi de financement de la sécurité sociale pour 2011 a modifié l'article L. 242-1 précité, afin de prévoir que sont éligibles au traitement social de faveur les régimes qui « revêtent un caractère obligatoire et bénéficient à titre collectif à l'ensemble des salariés ou à une partie d'entre eux sous réserve qu'ils appartiennent à une catégorie établie à partir de critères objectifs déterminés par décret en Conseil d'État ».

La condition liée au respect du caractère collectif a ainsi été précisée par le décret du 9 janvier 2012.

- **Couverture identique pour tous les salariés ou une partie d'entre eux**

Le décret pose le principe selon lequel tous les salariés de l'entreprise doivent être couverts de façon identique par un régime de protection sociale complémentaire.

Il prévoit toutefois que l'employeur peut ne couvrir qu'une partie d'entre eux, ou les couvrir différemment, sous réserve de respecter deux conditions cumulatives.

Concernant la première condition cumulative, l'employeur ne peut distinguer les salariés qu'à partir de **cinq critères** limitativement énumérés (et commentés par l'administration dans sa circulaire précitée du 25 septembre 2013) :

Critère 1 : l'appartenance aux catégories de cadres et de non-cadres résultant de l'utilisation des définitions issues des dispositions de la convention nationale de retraite et de prévoyance des cadres du 14 mars 1947 (articles 4, 4 bis et article 36 de l'annexe I de cette convention).

L'administration valide également, a contrario, la catégorie de salariés ne cotisant pas à l'AGIRC, à savoir les salariés ne cotisant qu'à l'ARRCO.

L'administration considère que la mise en œuvre ne doit permettre d'établir que deux catégories distinctes, en fonction de la définition retenue par l'entreprise pour identifier, d'une part, les cadres, et d'autre part, les non-cadres au sens de la convention AGIRC.

Ainsi, les dispositifs distinguant trois catégories selon que les salariés relèvent par exemple des articles « 4 et 4 bis », de « l'article 36 » et de l'ARRCO, ne seraient pas admis.

Par ailleurs, il est précisé que l'absence de référence expresse à la convention AGIRC dans l'acte de mise en place ne remet pas nécessairement en cause le bénéfice de l'exclusion d'assiette. Dans ce cas, la notion de cadres s'entend uniquement au sens de l'article 4 de la convention AGIRC, et celle de non-cadres vise les ouvriers, employés, techniciens et agents de maîtrise (c'est-à-dire peu important leur affiliation à l'AGIRC au titre des « articles 4 bis ou 36 »).

CONSEIL

Dès lors que la catégorie des « cadres » ne vise pas uniquement en pratique les salariés « article 4 » (mais par exemple également les salariés « article 4 bis »), il sera donc recommandé de reformuler cette catégorie afin de viser expressément les salariés au regard de leur affiliation à l'AGIRC.

Critère 2 : Les tranches de rémunérations fixées pour le calcul des cotisations aux régimes complémentaires de retraite AGIRC et ARRCO.

En application des seuils retenus pour le calcul des cotisations « AGIRC » (TA, TB, TC) et « ARRCO » (T1, T2), pourront constituer des catégories objectives, les salariés dont la rémunération est inférieure ou égale à 1 , 3 , 4 ou 8 plafonds de la sécurité sociale, et ceux dont la rémunération est supérieure ou égale à 1, 3 , ou 4 plafonds.

Par mesure de tolérance, sont également admises les catégories de salariés dont la rémunération est inférieure, égale, ou supérieure à 2 plafonds.

Critère 3 : L'appartenance aux catégories et classifications professionnelles définies par les conventions de branche ou les accords professionnels ou interprofessionnels.

Critère 4 : Le niveau de responsabilité, le type de fonctions ou le degré d'autonomie dans le travail des salariés correspondant aux sous-catégories fixées par les conventions ou les accords professionnels ou interprofessionnels.

La circulaire reconnaît uniquement comme relevant du critère n° 3 « le premier niveau de classification » défini par les conventions de branche.

Tous les niveaux inférieurs situés immédiatement après ce premier niveau sont considérés comme des « sous-catégories » relevant du critère n° 4.

EX

Dans une convention collective X, la classification s'opère de la façon suivante :
1er groupe (non-cadres) – 4 catégories :
Catégorie 1 : Personnel d'exécution : 3 classes équivalant à 3 coefficients. La 1re classe regroupe 3 types de fonctions, la 2e regroupe 1 type de fonctions, la 3e regroupe 1 type de fonctions.
Catégorie 2 : Personnel qualifié ou d'encadrement : 4 classes équivalant à 4 coefficients. La 1re classe regroupe 1 type de fonctions, la 2e classe regroupe 2 types de fonctions, la 3e classe regroupe 2 types de fonctions, la 4e classe regroupe 2 types de fonctions.
Catégorie 3 : Personnel très qualifié : 3 classes équivalant à 3 coefficients.
Catégorie 4 : Personnel supérieur : 3 classes équivalant à 3 échelons.
2nd groupe (cadres) – 4 positions :
1re position : Cadres débutants : 1 coefficient (300).
2e position : Cadres *stricto sensu* : 2 repères en lettres (A/B) correspondant à 2 coefficients (360/400).
3e position : Cadres confirmés : 3 repères en lettres (A→C). Le 1er repère comporte 3 sous-repères (a→c) correspondant à 3 coefficients (450→625). Les 2 autres repères correspondent à 2 coefficients (700/850).
4e position : Cadres supérieurs : 1 coefficient (900).
Dans cet exemple, les deux groupes « cadres » et « non-cadres » de la convention constituent une catégorie ou classification professionnelle au sens de la définition donnée pour le critère n° 3. Les « catégories » pour les non-cadres et les « positions » pour les cadres constituent des sous-catégories (critère n° 4). Dans la mesure où les « classes » et « coefficients » pour les non-cadres sont définis par des types de fonctions, ils peuvent également constituer des sous-catégories. En revanche, les repères et les coefficients des cadres ne constituent pas des sous-catégories car ils ne sont définis par aucun critère.

Critère 5 : L'appartenance aux catégories définies clairement et de manière non restrictive à partir des usages constants, généraux et fixes en vigueur dans la profession.

Aucun exemple n'est fourni par la circulaire. Celle-ci se contente d'indiquer que l'existence d'un usage s'apprécie au niveau de la profession et non de l'entreprise, et que les conditions de constance, généralité et fixité s'appliquent cumulativement.

L'administration admet en outre des situations en marge de ces cinq critères. Ces situations visent à prendre en compte notamment :
- l'existence d'un régime légalement ou réglementairement obligatoire assurant la couverture d'un même risque, en citant le cas de l'Alsace-Moselle pour l'assurance maladie ;
- une convention ou un accord de branche applicable uniquement à une partie des salariés, tel que le cas des intermittents du spectacle, des pigistes, des salariés permanents et intérimaires, ou encore des travailleurs à domicile ;
- le cas particuliers des VRP ou encore des salariés détachés à l'étranger.

Ces critères ne font pas référence à la catégorie des cadres dirigeants non soumis à la réglementation sur le temps de travail, antérieurement admise par la doctrine administrative.

En outre, le décret exclut toute possibilité d'établir des distinctions en fonction du temps de travail, de la nature du contrat, de l'âge ou de l'ancienneté du salarié. À titre dérogatoire, une condition d'ancienneté de douze mois est admise en matière d'incapacité, d'invalidité, d'inaptitude et de décès. Elle est limitée à six mois pour les autres prestations de frais de santé.

S'agissant de la seconde condition cumulative permettant à l'employeur de ne couvrir qu'une partie de ses salariés ou de les couvrir différemment, le critère retenu doit permettre de « couvrir tous les salariés que leur activité professionnelle place dans une situation identique au regard des garanties concernées ».

Le Code de la Sécurité sociale détermine, parmi les critères énumérés, ceux permettant, en fonction des garanties souscrites, de remplir en toute hypothèse la seconde condition. En d'autres termes, il institue des présomptions de respect du principe d'égalité de traitement (au regard du décret).

CONSEIL

Les contours des modalités de preuve de la seconde condition étant flous (notamment en raison de l'absence de définition de la

notion « d'activité professionnelle »), il sera, en pratique, plus sécurisé de recourir à un critère présumé afin d'éviter d'avoir à effectuer cette démonstration.

EX

En matière de prévoyance, il est possible de recourir aux critères n° 1 (cadres/non-cadres AGIRC), n° 2 (tranches de rémunération AGIRC/ARRCO) sans que tous les salariés ne soient couverts, ainsi qu'au critère n° 3 (catégories/classifications professionnelles) si tous les salariés sont couverts, sans avoir à démontrer que la seconde condition est remplie. En matière de « frais de santé », il est possible de recourir aux critères n° 1 (cadres/non-cadres AGIRC), n° 2 (tranches de rémunération AGIRC/ARRCO), dès lors que tous les salariés sont couverts, sans avoir à démontrer que la seconde condition est remplie.

Les critères « en marge » ne seront jamais présumés respecter la condition liée à l'égalité de traitement.

Critères d'une catégorie objective de salariés

<table>
<tr><th></th><th>Critère 1</th><th>Critère 2</th><th>Critère 3</th><th>Critère 4</th><th>Critère 5</th></tr>
<tr><td></td><td>Catégories cadres/non cadres</td><td>Tranches de rémunération</td><td>Catégories des conventions collectives</td><td>Sous-catégories des conventions collectives</td><td>Catégories issues d'usages</td></tr>
<tr><td>Retraite</td><td colspan="3">Critères présumés</td><td colspan="2" rowspan="3">Critères non présumés</td></tr>
<tr><td>Incapacité, invalidité, inaptitude, décès</td><td colspan="2">Critères présumés</td><td>Sous réserve que tous les salariés soient couverts</td></tr>
<tr><td>Maladie</td><td colspan="2">Sous réserve que tous les salariés soient couverts</td><td>Critères non présumés</td></tr>
</table>

• Contributions fixées à un taux ou montant uniforme

Le respect du caractère collectif suppose également que les contributions de l'employeur soient fixées à un taux (exprimé en pourcentage de la rémunération) ou à un montant uniforme, pour l'ensemble des salariés ou pour tous ceux d'une même catégorie, sauf dans les trois cas suivants :

Premier cas : la prise en charge par l'employeur de l'intégralité des contributions des salariés à temps partiel et des apprentis est autorisée lorsqu'en l'absence d'une telle prise en charge, ces salariés seraient conduits à acquitter une contribution au moins égale à 10 % de leur rémunération brute (pour l'appréciation de ce seuil, il est tenu compte de l'ensemble des garanties de protection sociale complémentaire).

EX

Un dispositif de prévoyance implique, pour un apprenti, de s'acquitter d'une contribution égale à 6 % de sa rémunération brute. Par ailleurs, un dispositif frais de santé l'amène à acquitter une contribution égale à 5 % de sa rémunération. En additionnant prévoyance et frais de santé, l'apprenti acquitte une contribution de 11 %. La prise en charge par l'employeur de la totalité de ces 11 % ne remet pas en cause le bénéfice de l'exclusion d'assiette du dispositif de prévoyance/frais de santé.

Deuxième cas : la participation de l'employeur peut être modulée en fonction de la composition du foyer.

EX

Dans un dispositif « frais de santé », la cotisation globale est fixée à 100 € pour les salariés isolés et à 120 € pour les familles. La contribution de l'employeur est fixée comme de la façon suivante :
- salarié isolé : part employeur : 60 €/part salariée : 40 € ;
- famille : part employeur : 70 €/part salariée : 50 €.
Dans ce cas la contribution de l'employeur sur la cotisation famille est exonérée de cotisations de sécurité sociale dès lors que le salarié adhère au dispositif en fonction de sa situation réelle de famille.

Troisième cas : la mise en place de taux croissants en fonction de la rémunération du salarié est autorisée dans la mesure où cette progression s'applique également à la contribution du salarié, pour les prestations de retraite supplémentaire, d'incapacité de travail, d'invalidité ou d'inaptitude.

Cette faculté n'est donc autorisée, pour le bénéfice de l'exemption d'assiette, que si le rapport entre la contribution patronale et la contribution totale (toutes deux exprimées en % de la rémunération du salarié) reste constant ou décroît à mesure que la rémunération du salarié augmente.

• Garanties

Les garanties doivent être les mêmes pour tous les salariés ou pour tous ceux d'une même catégorie. Autrement dit, les différences de garanties ne remettent pas en cause le caractère collectif si elles traduisent ainsi l'existence de catégories objectives de salariés.

Les salariés peuvent opter à titre personnel pour des garanties supplémentaires, sans remise en cause du caractère collectif des garanties « de base » offertes à tous les salariés. La contribution de l'employeur pour le financement des garanties supplémentaires optionnelles ne bénéficie alors pas de l'exclusion de l'assiette sociale.

S'agissant de la prévoyance complémentaire, le fait de prévoir pour certains salariés des garanties plus favorables en fonction des conditions d'exercice de leur activité, ne remet pas en cause le caractère collectif et l'exemption d'assiettes. Il appartient à l'employeur de justifier du lien entre le caractère particulier de l'activité des salariés auxquels ces garanties sont réservées et la nature des garanties en cause.

Ainsi, un employeur peut prévoir, dans le cadre d'un régime frais de santé ouvert à tous les salariés, des garanties renforcées au titre d'un risque de santé auquel certains salariés sont davantage exposés de par leur activité.

• Les restructurations

La circulaire du 25 septembre 2013 a précisé l'hypothèse des restructurations.

L'administration revient sur sa doctrine antérieure, alignant sa position sur les solutions légales et jurisprudentielles retenues en droit du travail en cas de modification de la situation juridique de l'entreprise.

Les hypothèses de restructurations d'entreprise sont ainsi considérées comme pouvant donner valablement lieu à la constitution d'un « groupe fermé », soit lors de la mise en cause d'un accord collectif, pendant toute sa période de survie, soit en cas de maintien d'une décision unilatérale de l'employeur ou d'un accord référendaire profitant aux salariés transférés, sans limite de durée.

IMPORTANT

Lorsque l'entreprise absorbée devient un établissement distinct de la société absorbante, la question peut se poser de pérenniser, au niveau du nouvel établissement, le régime transféré de la société absorbée.
Cette hypothèse va au-delà de l'existence d'un régime bénéficiant à un groupe fermé. En effet, dans ce cas, le régime aura vocation à s'appliquer aux salariés dont le contrat de travail a été transféré ainsi qu'aux nouveaux salariés embauchés, postérieurement à l'opération d'absorption, au sein de l'établissement. Dans ce cas, seul l'accord d'établissement pourra être envisagé pour formaliser valablement le régime d'établissement.
La Direction de la sécurité sociale l'avait d'ailleurs confirmé dans sa circulaire du 30 janvier 2009 en considérant que « la possibilité de mettre en place des systèmes de garanties de prévoyance complémentaire par accords d'établissement [...] permet, en cas de fusion d'entreprise, de maintenir des systèmes distincts selon les établissements de l'entreprise résultant de la fusion ».

• Le cas des mandataires sociaux

La circulaire du 25 septembre 2013 a également précisé la situation des mandataires sociaux. Le sort réservé aux mandataires sociaux est précisé selon qu'ils sont titulaires ou non d'un contrat de travail.

En présence d'un contrat de travail, ces derniers ne peuvent constituer, en tant que tels, une catégorie objective, mais ils peuvent bénéficier, en leur qualité de salarié, des garanties profitant à l'ensemble du personnel ou, le cas échéant, à une catégorie de salariés à laquelle ils appartiennent.

En l'absence de contrat de travail, les mandataires sociaux « peuvent être rattachés » au contrat d'assurance, à condition de justifier d'une autorisation émanant des organes compétents au sein de la société (une copie du procès-verbal actant cette décision doit être tenue à la disposition des inspecteurs de l'Urssaf). Si le régime est réservé à une catégorie de salariés, la part de financement affectée à la couverture des mandataires sociaux ne bénéficie de l'exemption d'assiette « que s'ils remplissent eux-mêmes le ou les critères retenus ». Ainsi, tel serait le cas d'une catégorie établie à partir du critère n° 1 « cadres au sens de l'AGIRC », ou du critère n° 2 en fonction de la rémunération du mandataire.

▶ Condition liée au caractère obligatoire du régime

Par dérogation au principe de l'adhésion obligatoire posé par la loi, le Code de la Sécurité sociale prévoit désormais trois séries de dispenses inspirées en partie de la doctrine administrative antérieure et fonctions de l'acte de mise en place du dispositif.

• 1re série de dispense(s)

Lorsque le régime est mis en place par décision unilatérale : celle-ci peut prévoir la dispense d'affiliation des salariés embauchés antérieurement à la mise en place du régime.

• 2e série de dispense(s)

Lorsque le régime est institué par accord collectif ou référendum : cet acte peut prévoir une dispense, quelle que soit leur date d'embauche, pour :
- les salariés et les apprentis bénéficiaires d'un contrat d'une durée au moins égale à 12 mois, à condition de justifier par écrit d'une couverture individuelle souscrite par ailleurs pour le même type de garanties ;
- les salariés et les apprentis bénéficiaires d'un contrat d'une durée inférieure à 12 mois, même s'ils ne bénéficient pas d'une couverture individuelle souscrite par ailleurs ;
- les salariés à temps partiel et les apprentis dont la cotisation est au moins égale à 10 % de leur rémunération brute.

IMPORTANT

Un décret rectificatif est attendu, selon la circulaire du 25 septembre 2013, pour permettre le recours aux dispenses relatives aux salariés en CDD ou à temps partiel et apprentis, y compris lorsque le régime résulte d'une décision unilatérale.

• 3e série de dispense(s)

Quelles que soient les modalités de mise en place du régime : en matière de prévoyance complémentaire, l'acte peut prévoir une dispense, quelle que soit leur date d'embauche, pour :

- les salariés bénéficiaires de la CMU-C ou d'une aide à l'acquisition d'une complémentaire santé et les salariés couverts par une assurance individuelle frais de santé au moment de la mise en place des garanties ou de l'embauche si elle est postérieure. Dans ce cas, la dispense ne peut jouer que jusqu'à l'échéance du contrat individuel ;
- à condition de le justifier chaque année, les salariés qui bénéficient par ailleurs, y compris en tant qu'ayants droit, d'une couverture collective de remboursement de frais médicaux servie :
  - dans le cadre d'un dispositif de prévoyance complémentaire remplissant les conditions mentionnées à l'article L. 242-1 du Code de la Sécurité sociale dès lors que l'adhésion des ayants droit est obligatoire ;
  - par le régime local d'assurance maladie du Haut-Rhin, du Bas-Rhin et de la Moselle ;
  - par le régime complémentaire d'assurance maladie des industries électriques gazières ;
  - dans le cadre des dispositions prévues par le décret du 19 septembre 2007 relatif à la participation de l'État et de ses établissements publics au financement de la protection sociale complémentaire de leurs personnels ;
  - dans le cadre des dispositions prévues par le décret du 8 novembre 2011 relatif à la participation des collectivités territoriales et de leurs établissements publics au financement de la protection sociale complémentaire de leurs agents ;
  - dans le cadre des contrats d'assurance de groupe issus de la loi dite « Madelin » du 11 février 1994.

IMPORTANT

Les dispenses d'adhésion doivent être explicitement prévues par l'acte qui régit les garanties, qu'il s'agisse de l'acte initial instituant les garanties ou des actes modificatifs ultérieurs.
Toutefois, lorsque le dispositif est mis en place par décision unilatérale et n'est pas financé intégralement par l'employeur, l'administration précise que la dispense liée à l'application de l'article 11 de la loi « Evin » est applicable de plein droit au profit des salariés même en l'absence de stipulation expresse.

▶ Condition liée à la notion de prestation de prévoyance complémentaire

Les contributions des employeurs visées sont celles finançant les prestations de prévoyance complémentaires à celles servies par les régimes de base de la sécurité sociale, à affiliation légalement obligatoire, destinées à couvrir les risques liés à la maladie, la maternité, l'invalidité, le décès, l'accident du travail. Sont également assimilées par l'administration à des contributions de l'employeur au financement de prestations complémentaires de prévoyance, les contributions destinées au financement de prestations dépendance.

Les prestations de prévoyance sont, quelle que soit leur dénomination, les capitaux-décès et les allocations d'obsèques, les rentes de conjoint survivant, les rentes d'orphelin, les indemnités journalières complémentaires (que leur versement résulte d'une obligation légale ou conventionnelle), les rentes ou capitaux d'invalidité et les remboursements des frais de santé qui interviennent postérieurement aux périodes pendant lesquelles l'employeur est tenu de maintenir le salaire en application de la loi sur la mensualisation ou d'un accord collectif ayant le même objet.

Pour déterminer le caractère de prestations de prévoyance complémentaire, il convient de considérer prioritairement si un lien avec les risques couverts par les régimes de base de la sécurité sociale peut être établi.

▶ Condition liée aux « contrats responsables »

Depuis la loi « Douste-Blazy » du 13 août 2004, le bénéfice des avantages sociaux et fiscaux attaché au financement des contrats de frais de santé est subordonné au respect d'une série de conditions, appelée le cahier des charges des contrats responsables.

Pour inciter les organismes complémentaires maladie à ne pas prendre en charge totalement ou partiellement la participation obligatoire des assurés qui ne respectent pas le choix d'un médecin traitant et le parcours de soins coordonné, cette loi a ainsi réservé le bénéfice de l'exonération de charges sociales sur les primes ou cotisations, et l'exonération d'une partie de taxe sur les conventions d'assurance, aux couvertures frais de santé respectant un certain nombre de contraintes. Ces contraintes imposent d'exclure ou, au contraire, de comporter la prise en charge de certaines prestations.

Une circulaire ministérielle du 11 juillet 2006, complétée sur certains points par une circulaire Acoss du 10 octobre 2006, a précisé les modalités d'application de ces règles spécifiques.

• Champ des interdictions et obligations au niveau des prestations

Au titre des interdictions minimales de prise en charge, les contrats « responsables » doivent comporter plusieurs catégories d'exclusions (CSS, art. L. 871-1) :

- exclusion totale ou partielle de la prise en charge de la majoration de la participation à défaut de choix d'un médecin traitant ou en cas de consultation d'un autre médecin sans prescription d'un médecin traitant ;
- exclusion totale ou partielle de la prise en charge des dépassements d'honoraires en cas de consultation sans prescription préalable du médecin traitant en dehors du protocole de soins ;
- exclusion de la prise en charge forfaitaire de 1 € pour chaque acte ou consultation ;
- exclusion de la prise en charge des franchises médicales instaurées par la loi de financement de la sécurité sociale pour 2008.
- Les dispositions des contrats frais de santé sont réputées ne pas couvrir la franchise médicale dès lors que le contrat, le bulletin d'adhésion ou le règlement n'en prévoit pas expressément la prise en charge.

S'agissant des obligations minimales de prise en charge, les contrats « responsables » doivent également comprendre la prise en charge (CSS, art. R. 871-2) :

- d'au moins 30 % du tarif opposable des consultations du médecin traitant mentionné à l'article L. 162-5-3 du Code de la Sécurité sociale (qui prévoit les conditions et les implications de la désignation du médecin traitant), tel que prévu par les conventions nationales mentionnées à l'article L. 162-5 dudit code ;
- d'au moins 30 % du tarif servant de base au calcul des prestations d'assurance maladie pour les médicaments, autres que ceux mentionnés aux 6°, 7° et 14° de l'article R. 322-1 du Code de la Sécurité sociale, prescrits par le médecin traitant mentionné à l'article L. 62-5-3 ;
- d'au moins 35 % du tarif servant de base au calcul des prestations d'assurance maladie pour les frais d'analyses ou de laboratoires prescrits par le médecin traitant mentionné à l'article L. 162-5-3.

Les contrats « responsables » doivent en outre obligatoirement prévoir la prise en charge totale de la participation des assurés pour au moins deux prestations de prévention dont le service est considéré comme prioritaire au regard d'objectifs publics.

IMPORTANT

La loi de financement de la sécurité sociale a prévu de compléter le cahier des charges des contrats responsables qui devront prévoir, à compter du 1er janvier 2015 :

- la prise en charge totale ou partielle du ticket modérateur des consultations et visites réalisées dans le cadre du parcours de soins, y compris les prestations liées à la prévention et le forfait journalier hospitalier ;
- les conditions dans lesquelles peuvent être pris en charge les dépassements tarifaires sur les consultations et les actes des médecins ainsi que les frais exposés, en sus des tarifs de responsabilité, pour certains soins.

Ces deux points seront précisés par décret.

• Analyse globale en cas de pluralité de contrats

L'appréciation du respect des conditions spécifiques aux garanties « frais de santé » s'effectue pour chaque contrat d'assurance ou règlement d'assurance. Toutefois, à titre de tolérance, le ministère admet que la situation du souscripteur puisse être examinée de façon globale lorsque les garanties « frais de santé » souscrites auprès d'un même organisme assureur résultent de plusieurs contrats ou bulletins d'adhésion à un règlement. Dans ce cas, le respect des interdictions et obligations de prise en charge peut s'apprécier au regard de l'ensemble des contrats ou bulletins d'adhésion à un règlement du souscripteur. Sont ainsi visées des situations dans lesquelles chacun des contrats ou bulletins d'adhésion à un règlement du souscripteur respecte les interdictions de prise en charge mais ne remplit que partiellement les obligations minimales de prise en charge. Seule une appréciation d'ensemble de ces contrats et règlements permet de constater que les obligations de prise en charge minimales sont respectées. Cette analyse globale peut être effectuée lorsque les garanties sont souscrites auprès d'un même organisme ou de plusieurs organismes assureurs.

L'employeur qui entend bénéficier de cette tolérance ministérielle doit produire, lors du contrôle, tous les éléments permettant de prouver que l'ensemble des garanties qu'il a souscrites auprès du même organisme assureur respectent globalement les interdictions et obligations de prise en charge.

En l'absence de production à l'organisme chargé du contrôle, des éléments prouvant que l'ensemble des garanties respectent globalement les interdictions et obligations de prise en charge, le contrôle du respect des conditions spécifiques aux garanties « frais de santé » sera effectué pour chaque contrat ou règlement.

• Obligation de communication des frais de gestion

La loi de financement de la sécurité sociale pour 2012 a complété la définition des contrats responsables en introduisant une condition supplémentaire liée à l'information sur les frais de gestion et d'acquisition.

IMPORTANT

Une seconde condition liée à l'obligation de prise en charge de nouveaux dépassements d'honoraires autorisés avait été instaurée par la même loi mais a été supprimée par la loi de financement de la sécurité sociale pour 2013.

Le caractère responsable est ainsi subordonné, à compter du 1er janvier 2014, à la condition que l'organisme assureur communique annuellement aux assurés, le montant et la composition des frais de gestion et d'acquisition affectés aux garanties destinées au remboursement et à l'indemnisation des frais occasionnés par une maladie, une maternité ou un accident, et ce en pourcentage des cotisations ou primes afférents à ce risque.

Pour les contrats et opérations individuels, la communication s'effectue simultanément à l'envoi de l'avis d'échéance annuelle de prime ou de cotisation afférent à la garantie ;

Pour les contrats institués selon l'une des procédures mentionnée à l'article L. 911-1 du Code de la Sécurité sociale, la communication s'effectue par un document écrit adressé chaque année.

Par dérogation, l'obligation de communication est réputée satisfaite lorsque le montant des frais de gestion contractuels apparaît, de manière lisible, dans le rapport adressé annuellement au souscripteur par l'organisme assureur en application de l'article 3 du décret du 30 août 1990.

▶ Seuils d'exonération

En application de l'article D. 242-1 du Code de la Sécurité sociale, les contributions des employeurs au financement de prestations de prévoyance complémentaire sont exclues de l'assiette des cotisations de

sécurité sociale propre à chaque assuré, pour une fraction n'excédant pas un montant égal à la somme de :
- 6 % du plafond annuel de la sécurité sociale ;
- et 1,5 % de la rémunération soumise à cotisations de sécurité sociale.

Le total ainsi obtenu ne peut excéder 12 % du plafond annuel de la sécurité sociale.

IMPORTANT

Ces plafonds s'appliquent s'il y a maintien de la couverture pour les anciens salariés dans le cadre du dispositif de portabilité des droits. Les contributions patronales de prévoyance excédant ces limites d'exonération, étant soumises à cotisations sociales, sont donc exclues du forfait social.

2.2. Forfait social

Les éléments de rémunérations exonérés de cotisations sociales et soumis à CSG sont assujettis à un « forfait social », à la charge de l'employeur. Le taux de droit commun de cette contribution est de 20 %.

Par dérogation, les contributions de l'employeur destinées au financement de prestations de prévoyance sont soumises au forfait social au taux de 8 %.

En sont exonérées les entreprises employant moins de 10 salariés.

2.3. Prestations

▶ Indemnités journalières complémentaires (IJC)

Par principe, les indemnités journalières complémentaires versées à un salarié en arrêt de travail par l'employeur ou pour son compte par l'intermédiaire d'un tiers, sont soumises à cotisations de sécurité sociale (CSS, art. R. 242-1).

Par exception, la jurisprudence et la doctrine administrative ont admis que les indemnités journalières complémentaires ne soient soumises à cotisations de sécurité sociale qu'au prorata du financement patronal.

Les indemnités journalières complémentaires versées à un salarié malade, en application d'un régime de prévoyance financé exclusivement par le salarié s'agissant de la garantie « incapacité de travail », doivent donc être exonérées de cotisations en application de cette règle.

Lorsque le contrat de travail est rompu, les IJC sont exonérées de cotisations sociales et la CSG applicable est de 6,6 %.

IMPORTANT

L'analyse de la jurisprudence rendue sur cette question appelle à mettre en garde les employeurs contre d'éventuels abus liés à la mise en œuvre d'un tel mode de financement qui pourrait paraître artificiel si le seul objectif est d'optimiser l'application de la règle du prorata.
La doctrine de la sécurité sociale permet également de faire application de la règle du prorata au regard du paiement de la CSG et de la CRDS.

▶ Rentes d'invalidité

Aucun texte légal ou réglementaire ne prévoit expressément l'intégration des rentes d'invalidité dans l'assiette des cotisations de sécurité sociale.

En pratique, deux hypothèses peuvent être distinguées :
- la rente est servie par l'employeur, sans intervention de l'organisme assureur : dans ce cas la jurisprudence considère qu'elle est entièrement soumise à cotisations de sécurité sociale ;
- la rente est servie directement par l'organisme assureur à l'assuré ou par l'intermédiaire de l'employeur : certains juges du fond ont jugé qu'elle ne doit pas être soumise à cotisations dans ce cas.

Par analogie avec la solution retenue par l'administration au regard des prestations d'incapacité de travail, il est possible de considérer que les rentes d'invalidité ne sont soumises à CSG et CRDS qu'au prorata de la participation de l'employeur.

Lorsque le contrat de travail est rompu, les IJC sont exonérées de cotisations sociales et la CSG applicable est de 6,6 %.

▶ Prestations décès

Il n'existe pas de disposition législative ou réglementaire afférente à l'assujettissement à cotisations de sécurité sociale et à CSG/CRDS d'un capital-décès ou de rentes d'éducation/de conjoint.

La doctrine administrative tend toutefois à considérer que les prestations décès sont exclues de l'assiette de ces charges dès lors qu'elles sont servies directement par l'organisme assureur à l'assuré ou par l'intermédiaire de l'employeur.

IDÉES-CLÉS

- La participation de l'employeur au financement d'un régime de prévoyance complémentaire bénéficie d'un traitement fiscal et social de faveur, dans certaines limites et sous certaines conditions.
- Parmi ces conditions, le respect du caractère collectif et obligatoire des régimes suscite le plus de difficulté en pratique ; ces notions ont à ce titre été précisées, s'agissant des règles d'exonération de cotisations de sécurité sociale, par un décret du 9 janvier 2012 dont les dispositions entreront en vigueur au 1er juillet 2014 au terme d'une période transitoire de mise en conformité.
- La condition liée au respect du cahier des charges des « contrats responsables » s'agissant des régimes de remboursement de « frais de santé », devrait être prochainement précisée par des décrets pris en application de la loi de financement de la sécurité sociale pour 2014 ayant annoncé des modifications à compter du 1er janvier 2015.
- Le traitement fiscal de faveur de la participation patronale aux régimes de remboursement de « frais de santé » a été remis en cause par la loi de finances pour 2014. Depuis l'exercice fiscal de 2013, cette participation est donc soumise à impôt sur le revenu. ■

Conclusion

Au-delà du traitement fiscal et social favorable de leur financement, la mise en place de garanties de prévoyance par l'employeur constitue un outil de gestion des ressources humaines. Elle permet de donner accès aux salariés à des garanties généralement de bon niveau, moyennant un tarif mutualisé, moins élevé que dans le cadre d'une souscription individuelle. Couplées à un outil de prévention des risques au travail, les garanties collectives permettent, en facilitant l'accès aux soins, de contribuer au maintien des salariés en bonne santé.

En cas de survenance d'une maladie grave, d'une invalidité ou d'un décès d'un salarié, ces garanties permettent d'en atténuer les conséquences financières.

Aussi, malgré la diversité des règles applicables, qui rend complexe l'appréhension des dispositifs de prévoyance collective, ces systèmes de garanties sont destinés à un développement certain.

Fiches techniques

Fiche 1 - Protection sociale complémentaire en entreprise : constats de l'existant

Afin de connaître les obligations auxquelles est soumis l'employeur, ou ce à quoi devra s'engager un repreneur, en termes de protection sociale complémentaire et/ou de retraite supplémentaire, il convient de vérifier ce que contiennent, le cas échéant :

• Les actes de droit du travail :

- **la convention de branche professionnelle ou interprofessionnelle** : les partenaires sociaux peuvent prévoir, dans la branche professionnelle, une obligation de mettre en place un régime de protection sociale complémentaire et/ou de retraite supplémentaire ;
- **le ou les accords collectifs d'entreprise ou de groupe** : à défaut d'obligation de branche, les partenaires sociaux et l'employeur peuvent négocier la mise en place d'un régime de protection sociale complémentaire et/ou de retraite supplémentaire dans l'entreprise ;
- **le ou les écrits matérialisant une ou plusieurs décisions unilatérales de l'employeur ou un projet d'accord** : à défaut de partenaires sociaux dans l'entreprise, ou d'accord avec les partenaires sociaux, l'employeur peut décider, unilatéralement, ou en accord avec les salariés, de la mise en place d'un régime de protection sociale complémentaire et/ou de retraite supplémentaire dans l'entreprise ;
- **les contrats de travail** : dans certains cas, l'avantage que constitue le régime de protection sociale complémentaire et/ou de retraite supplémentaire peut avoir été « contractualisé ». Sa modification ou sa suppression nécessite alors l'accord exprès du salarié ou des salariés, car il s'agit d'une modification de leur contrat de travail ;
- **l'usage** : dans certains cas, l'existence d'un régime de protection sociale complémentaire et/ou de retraite supplémentaire résulte d'un usage constant, général et fixe.

- **Les actes de droit des assurances :**

- **le ou les contrats d'assurance** : l'employeur conclut avec un ou plusieurs organismes assureurs (entreprise d'assurance, mutuelle ou institution de prévoyance), un contrat d'assurance qui doit permettre la couverture des risques que l'employeur s'est engagée à fournir à ses salariés.

Fiche 2 - Protection sociale complémentaire en entreprise : précautions à prendre

- **En droit du travail :**

- information-consultation préalable du comité d'entreprise ;
- vérification des conflits de normes (convention de branche/accord d'entreprise ou de groupe – convention de branche/décision unilatérale de l'employeur antérieure ou postérieure) ;
- remise à chaque salarié de l'écrit matérialisant la décision unilatérale de l'employeur ;
- établissement du procès-verbal de scrutin en cas de projet d'accord soumis aux salariés par référendum ;
- procédures de dénonciation ou de révision de l'existant :
  - convention de branche ou accord collectif d'entreprise ou de groupe : intervention de ou des organisations syndicales représentatives des salariés ;
  - écrit matérialisant la décision unilatérale de l'employeur : information individuelle des salariés + délai de préavis suffisant pour entamer des négociations.

- **En droit des assurances :**

- conformité du contrat d'assurance avec les engagements de droit du travail ;
- remise par l'employeur, à l'ensemble des salariés concernés, de la notice d'information établie par l'organisme assureur :
  - lors de la mise en place du régime ;
  - à chaque nouvelle embauche.

Au regard du traitement social et fiscal de faveur
- le régime doit revêtir un caractère **collectif**, c'est-à-dire qu'il doit bénéficier à l'ensemble des salariés de l'entreprise. S'il bénéficie uniquement à une catégorie de salariés, cette catégorie doit être définie sur la base de critères objectifs ;
- le régime doit revêtir un caractère **obligatoire**, c'est-à-dire qu'il doit s'imposer à l'ensemble des salariés de l'entreprise ou à l'ensemble des salariés appartenant à la catégorie bénéficiaire. Si l'employeur envisage des dispenses d'adhésion :
  - cette faculté doit être inscrite dans l'acte juridique ;
  - l'employeur doit conserver scrupuleusement les demandes de dispenses ainsi que, le cas échéant, les justificatifs de couverture.

Index alphabétique

N

O

P

Q

R

Achevé de composer en avril 2014 par PPS Editions

Achevé d'imprimer en avril 2014
par Jouve - 53100 MAYENNE
N° d'impression : 2158463M

Dépôt légal : mai 2014

Imprimé en France

L'Argus Éditions
10 place du Général de Gaulle
92160 Antony